Sara Maitland

Ich und mein Engel

Inhalt

ICH UND MEIN ENGEL

Vorwort

Ein frommes Buch hat heute seine Schwierigkeiten, weil das Christentum derzeit unter schrecklichen Krankheiten leidet. Einige stammen aus Rom – Verbote, Restriktionen, Abgrenzungen à la Männer: ja, Frauen: nein. Ich halte sie für gefährlich, aber nicht für tödlich. Gottes Geistin, die Ruach, weht immer noch, wo sie will.

Andere Krankheiten – eher protestantischen Ursprungs – kommen sehr elegant verkleidet einher, sie übertragen sich aus Oxford, Göttingen oder Louvain und möchten die Religion gern zu einem Wissenschaftsgegenstand machen, sie säubern sie ständig. Es ist ein Prozeß, in dem Professionalisierung und Blutleere ineinander übergehen. Je gescheiter die Bücher, desto überflüssiger die Religion.

»Ich und mein Engel« geht stattdessen den vergessenen Weg der Fiktion, der Poesie, des Narrativen. Diese Geschichten belehren nicht ständig über das, was alle wissen. Es wird weder erbaulich geschwafelt noch intellektuell erklärt, sondern erzählt, alltäglich und umstandslos wird etwas getan, was wir im allgemeinen nur für Kinder im Vorschulalter für nützlich halten. Es sind »Geschichten vom Lieben Gott«, wie ein großer deutscher Dichter am Anfang dieses Jahrhunderts es nannte. Es sind Geschichten aus der hebräischen Bibel, aus der Passionsgeschichte, der Kirchengeschichte, vor allem der unbekannten der Frauen, und aus dem Leben einer Ich-Erzählerin, einer berufstätigen Mutter von drei ziemlich unausstehlichen Kindern. Aber niemand wird ausgegrenzt. Erfahrungen von Schmerz und Freude, witzig, heiter, selbstkritisch erzählt in der Absicht, daß die Kunst des Erzählens wieder einen Platz habe in der religiösen Mitteilung. Anstelle einer institutionell und intellektuell gezähmten und wenig radikalen Theologie tritt ein anderer Versuch, näher am Alltag, an den Zweifeln und Fragen und an den Erfahrungen der Menschen. Sozusagen durch die Hintertür, die feministische, kommt eine Schriftstellerin in das Gehäuse der Theologie und füllt es mit Leben.

Dabei hilft ihr nichts so sehr wie eine Eigenschaft, die wir hierzulande oft vermissen, ein durchaus britisches Gewürz in der Suppe, das man »Humor« nennt und das wir brauchen können, um Frömmigkeit wieder dort anzusiedeln, wo sie hingehört, in den Alltag, sie erfahrbar zu machen, ohne Sentimentalität und ohne Fundamentalismus. Es ist Religion mit leichter Hand erzählt, ohne daß sie zu einer »religion light« verkäme! Keine Kuschelgott-Selbstbestätigung wird hier angeboten, sondern eine erwachsene Liebe, »die nicht süß oder gut oder gehorsam ist, sondern mutig und anmaßend und fordern und frei und verführerisch«; diese Sätze über Sarahs Liebe zu Abraham könnten auch die Liebe zu Gott beschreiben, die hier erzählt wird.

Es ist ein frommes, verständliches und heiteres Buch. Ich wäre unehrlich, wenn ich eine Kritik am Vorwort der Autorin (»Die Geschichte dieser Geschichten«) verschwiege. Sie sagt da am Ende, daß »Ich und mein Engel« nicht mit Hilfe anderer entstanden sei, sondern ein Geschenk sei, »von mir an mich«. Darüber würde ich mich gern mit ihr streiten, »weder-noch, meine Liebe«, würde ich kopfschüttelnd sagen. Diese Geschichten sind nicht »von dir«, schließlich trägst nicht du die Wurzel, sondern die Wurzel trägt dich, wie der Apostel Paulus sagt. Und das zeigt dein ganzes Buch, gottseidank! Und ebenfalls, wenn es wirklich ein Geschenk ist, was ich glaube, dann ist es auch nicht für dich allein. Dann verteilt es sich und du hast allen, die das Buch lesen, etwas zu schenken. Ich frage mich im Ernst, was soll das Wort »Engel« überhaupt bedeuten, wenn es nicht dieses Minimum an Verteilerei aussagt?! Du willst uns doch nicht weismachen, Engel seien eine Art Privateigentum? Ich habe gerade das Gegenteil von dieser egozentrierten Beschränkung aus diesem wärmenden Buch gelesen. Ich dachte beim Lesen immer: »ja, so wars auch bei mir! Wie konnte ich das nur vergessen! Klar, so ist das mit Engeln!« Und dieses fühlende Mitdenken einer Leserin, das ist es doch, was du willst. Gott, sagt mein größter Lehrer, der Meister Eckart, ist das Allermitteilsamste. Und daran bist du, sind wir alle beteiligt.

Dorothee Sölle

Die Quellen des Christentums enthalten größtenteils keine abstrakten Begriffe. Wir besitzen eine Sammlung von Geschichten, Sprüchen, Parabeln, Briefen und Gedichten, die aus der Lebenserfahrung heraus entstanden sind. Indem die westlichen Theologen den Inhalt heraussaugen – abstrahieren –, werfen sie Kontext und Form als belanglos ab und schmücken sie mit philosophischem Wissen aus. Alle anderen Formen christlicher Wahrheit werden als zweitrangig behandelt. Die biblischen Texte jedoch sind kunstvoll. Der künstlerische Stil der Bibel ist unsere Inspiration.

Angela West

Die Geschichte dieser Geschichten

Im Jahre 1988 wurde ich gebeten, eine Geschichte für Karfreitag zu schreiben, die im BBC Radio 4 gesendet werden sollte. Es war eine schon seit langem geübte Praxis, die Sendezeit für die traditionelle ›Morgengeschichte‹ während der Karwoche religiösen Programmen vorzubehalten. Bis 1988 hatte man diese fünfzehn Minuten für Predigten und Gespräche reserviert, doch dann entschied man, diesen eigentlich literarischen Programmpunkt für ›theologische‹ Kurzgeschichten zu nutzen. In diesem ersten Jahr sendete man eine Reihe von meist älteren Texten, gab aber dennoch eine neue Geschichte in Auftrag, ›Maria von Magdala‹.
›Maria von Magdala‹ war eigentlich die Bearbeitung eines Stückes, das ich in den 70er Jahren geschrieben hatte. Mein erster Roman ›Daughter of Jerusalem‹ enthielt am Ende eines jeden Kapitels kleine Kurzgeschichten über biblische Frauen – das Thema des Buches war Unfruchtbarkeit, die große biblische Erzählung über die Dürre –, und die Geschichte über Maria Magdalena war einer dieser meditativen Texte. Das erscheint mir heute wichtig – diese Geschichten begannen als Prosa, nicht als Theologie.
Im folgenden Jahr beauftragte mich die BBC, eine Serie von

fünf Geschichten zu schreiben, die während der Karwoche 1989 täglich gesendet wurde und die in diesem Buch unter dem Kapitel ›Frauen der Passion‹ veröffentlicht ist; 1991 wurde ich gebeten, einen zweiten Zyklus zu schreiben – ›Ich und mein Engel‹, welcher unter dem Titel ›Gespräche mit einem Engel‹ gesendet wurde. Seitdem habe ich, obwohl noch nicht aufgenommen, zwei weitere Reihen von Geschichten verfaßt – ›Mutter der Verheißung‹ und ›Schwestern im Geiste‹.

Diese Geschichtenserien lösten für mich ein echtes Problem, wie ich nämlich zwei Teile von mir zusammenbringen konnte, die sich in meinem Inneren als Einheit fühlen, nach außen hin aber scheinbar nur mit Unbehagen nebeneinander existieren: der Teil von mir, der feministische Romanschriftstellerin ist, und der Teil von mir, der Christin und Möchte-gern-Theologin ist. Beide Teile sind davon überzeugt, daß besonders in unserer von Meinungsvielfalt und Subjektivität geprägten kulturellen Situation Erfindung, Phantasie und Erzählung eine entscheidende Rolle spielen können, daß sie ›die Fähigkeiten auffrischen können, die die Dialektik nicht erreichen kann‹ und die notwendig sind zu einem erfüllten menschlichen Leben.

Ich bin glücklich, daß ich diesen Weg des Schreibens gefunden habe. Jedoch haben diese Geschichten Probleme bei der Veröffentlichung verursacht: sie sind zu lang und zu ›religiös‹, um ohne weiteres in die Sammlungen meiner anderen Kurzgeschichten aufgenommen zu werden, und sie sehen auch nicht nach Theologie aus! Obwohl es eine bemerkenswerte Zahl von geistreichen theologischen Abhandlungen über ›narrative Theologie‹ und ihre Bedeutung gibt, scheint es tatsächlich nicht viele Bücher zu geben, die dies auch umsetzen beziehungsweise die selbst erzählend sind. Das ist traurig, sollte aber nicht überraschen. Dennoch freue ich mich, nicht nur aus rein persönlichen Gründen, daß dieser Versuch einer ›artful theology‹ veröffentlicht wird.

Aus naheliegenden Gründen möchte ich über meine eigenen Geschichten nicht theologisch reden: Ich behaupte, daß sie Theologie *sind*. Ich fühle auch kein Bedürfnis in mir, sie als Literatur, als Prosa zu verteidigen. Jedoch würde ich ger-

ne all denen, die weniger Zugang zu der Liturgie und den Erzählungen der Karwoche haben, den Aufbau der Geschichtenzyklen in diesem Buch erklären.
Der äußere Aufbau ist einfach: die ›Morgengeschichte‹ im BBC Radio 4 hat fünfzehn Minuten Sendezeit. Die Geschichte selbst muß 14½ Minuten lang sein, so daß Autor, Titel und Sprecher angesagt werden können: aus diesem Grunde haben all diese Geschichten fast genau dieselbe Länge. Dies empfand ich als eine hilfreiche Begrenzung, nicht als Einschränkung. Als ich schließlich die späteren Geschichten schrieb, hielt ich mich an die Länge, obwohl ich nicht dazu verpflichtet war.
Auch der inhaltliche Aufbau wurde durch die Programmkommission festgelegt: Die Geschichten waren bestimmt für die Karwoche. In allen drei Geschichtenserien folgte ich einer Chronologie für die Karwoche, die eine Zusammenschau der Ereignisse ist, wie sie in den synoptischen Evangelien – nämlich bei Matthäus, Markus und Lukas (Johannes hatte theologisch etwas ganz anderes vor, und seine Zeiteinteilung stimmt nicht ganz mit den anderen drei Evangelisten überein) – und in den Überlieferungen der abendländischen Kirche aufgezeichnet sind. Ich habe diese Darstellung nicht als einen historischen Bericht verwendet, sondern im Sinne einer dramatischen Untermauerung meiner eigenen Interpretation. Bibelwissenschaftler würden diese Ereignisse völlig anders betrachten.
... Die Erzählungen dieses Bandes haben eine lange Geschichte. Ich schulde dabei viel mehr Menschen größeren Dank, als ich hier erweisen kann ... Wie auch immer: ›Ich und mein Engel‹ ist ein Geschenk von mir an mich.

Mutter der Verheißung

Ein Lied der Erhebungen

Sarah ist alt, alt und sehr müde. Sie lebt jetzt in Hebron und wartet unter den Eichen von Mamre, um herauszufinden, was als nächstes geschieht.
Sarah ist alt, alt und sehr müde. Ihre Gedanken schweifen umher, manchmal lacht sie, und manchmal weint sie, und die, die sie lieben, wissen nicht warum. Ihre Gedanken schweifen umher, quer durch ihr ganzes, langes Leben, und sie strengt sich an, daraus eine Geschichte zu machen: die Geschichte ihres Lebens, die Geschichte von Sarah.
Es fällt manchmal schwer, daraus klug zu werden.
Einst, vor langer, so langer Zeit hatte sie in Ur in Chaldäa gelebt, einer stolzen Stadt mit einer hohen Pyramide, angeordnet in Terrassen. Es war eine Stadt der Könige und Priester. Es war eine Stadt der Tempel und Paläste und Kanäle, eine schöne Stadt, die sich über der Schwemmebene des Landes zwischen den zwei Strömen erhob. Eine reiche Stadt mit einem großen Markt und einem hohen Turm, von dem aus die Priester die Sterne beobachteten und ihren gut erzogenen Göttern befahlen, für die Regenfälle zu sorgen und für das Anschwellen der Flüsse, die das Schwemmland fruchtbar machten. Und die Götter, durch Opfer fett und gehorsam geworden, sorgten für die Regenfälle, und die Stadt wurde wohlhabend, und die Sklaven bauten die Zikkurat und die Paläste und die Gärten, und das Leben war sehr angenehm für die vornehmen Familien.
Einst, vor langer, so langer Zeit war sie eine schöne Prinzessin gewesen. Sarai, die schöne Prinzessin. Glatt war ihre Haut, daran konnte sie sich erinnern, so glatt wie die Seidenstoffe, die die Handelskarawanen

aus dem Osten mitbrachten. Ihre Haut war glatt, ihre Zehennägel bemalt, ihre Hände allmorgendlich eingeölt, bis sie wie Honig glänzten, wie süßer Honig von der Honigwabe; ihr Haar war gebürstet und geflochten. Und ihr Leben war ruhig, so glatt und geschmeidig wie ihr Körper.

Einst, vor langer, so langer Zeit, als sie noch schön war, hatte sie einen verrückten Mann geheiratet. Sie hatte sich, unbeschwert und arglos, aufgemacht zu einer Reise mit einem verrückten Mann: einem wunderbaren, aufregenden, verrückten Mann, der Träume träumte und Visionen hatte; einem ungestümen, geheimnisvollen, lachenden Verrückten, der ihr Mann und Geliebter war, dessen Lachen so tief und voll und offen war, daß er sogar Gott anlachte; dessen gewaltiges Lachen einen Glockenstrang in ihr berührte, und sie lachte mit ihm, ein goldenes, jauchzendes Lachen in vollkommener Harmonie mit seinem reichen, tiefen Lachen.

In Ur in Chaldäa war sie eine verwöhnte Prinzessin gewesen. Damals hatte sie nicht gelacht, weil sie nicht wußte, daß es etwas zum Lachen gab. Natürlich hatte sie gekichert, wie Prinzessinnen es an sich haben, sie hatte gekichert im Frauenpalast, gekichert, gegickelt und gegrinst, aber sie hatte nicht gelacht. Natürlich hatte sie gelächelt, wie junge Ehefrauen es an sich haben, gelächelt und betört und geflirtet. Als sie Ur in Chaldäa verlassen und die lange Reise nach Norden begonnen hatten, die Reise nach Babylon und dann weiter hinaus, hinaus in die große Wüste, das Meer von Sand, den Ozean von Trockenheit und Hitze, hatte sie nicht gelacht. Sie hatte gelächelt – ruhig, lieb, gehorsam, bemüht. Eine gute Ehefrau.

Draußen in der Wüste war alles anders. Rauh. Nicht sanft. Sie hatte alleine in ihrem Zelt geweint, geweint, weil ihre Hände nicht geölt und ihr Haar nicht gebür-

stet und ihre Fußnägel nicht bemalt waren. Sie hatte gejammert und geklagt und sich gefürchtet. Und bald stellte sich heraus, daß sie keine gute Ehefrau war.
Sie war keine gute Ehefrau. Eine gute Ehefrau hat Kinder. Sarah hatte keine Kinder. Weil sie keine gute Ehefrau war, mußte sie nicht ruhig, lieb, gehorsam oder bemüht sein, und deshalb konnte sie, sobald sie aufgehört hatte zu klagen und zu jammern und sich zu fürchten, das Lachen lernen. Das war es, was Abraham sie lehrte.
In Ur in Chaldäa war es einfach gewesen, gut zu sein. Alles war einfach gewesen. Aber in der Wüste war nichts einfach. Es war wild, brennend heiß, gefährlich. Die Tage waren heiß, und die hängenden Gärten des Landes zwischen den zwei Strömen waren weit weg; die lieblich plätschernden Brunnen waren weit weg, und ihre eigene Melodie ging unter in den Winden, die groben Sand in die Haare, Augen, Ohren und auf die Haut trieben. Die Nächte waren kalt, und der Gesang der Priester aus dem Land zwischen den zwei Strömen war weit weg, und ihre eigenen schönen Gesänge und klaren Überzeugungen gingen unter im kalten Glanz der gewaltigen Sterne; sie hatten ihre kleinen Götter verloren, und sie hatten sich einen Gott erträumen müssen, der groß genug war für diesen riesigen Ort.
Sarah lernte lachen. Und sie lernte Abraham lieben, wie nur eine Frau, die lacht, einen Mann lieben kann. Eine Liebe, die nicht süß oder gut oder gehorsam ist, sondern mutig und anmaßend und fordernd und frei und verführerisch.
Sie verbrachten eine lange Zeit in der Wüste auf ihrem Weg nach Norden, und es war eine harte Zeit. Viele Schafe, viele Kamele und zu viele Menschen starben in der Wüste, und die, die übrigblieben, mußten weiterziehen und die Gebeine der Verwandten unbestattet auf den weiten Dünen oder in den steinigen Wadis

zurücklassen. Es gab keine Gräber, keinen Landbesitz, keine Erinnerungsstätten. Aber sie überlebten die Wüste, mit knapper Not. Ihre gesamte Sippe schleppte sich erschöpft bis nach Haran. Obwohl sie von Ur mit der Absicht aufgebrochen waren, so weit zu ziehen, bis es keine Stadt mehr gab, verließ sie irgendwann die Kraft und die Hoffnung, und sie ließen sich in Haran nieder, teils als Händler, teils als Ackerbauern. Sie gaben nicht zu, daß sie sich niedergelassen hatten, aber sie hatten es getan. Sie verkauften die Kamele und erwarben Land.

Sarah hatte Ur in Chaldäa als gute Ehefrau verlassen, aber in Haran kam sie als freie Frau an. Weil sie zudem keine Kinder hatte, gab es nichts, was sie festhielt. Kinder lehren ihre Mütter, sich wie Mütter zu verhalten. Sarah hatte niemanden, der ihr das beibrachte, deshalb konnte sie es auch nicht lernen. Es ist Aufgabe der Kinder, ihre Mütter zu zähmen, und die der Mütter, die Väter zu zähmen, so daß die Väter die Götter zähmen können. Sarah und Abraham und der Gott, dem sie in der Wüste begegnet waren, ließen sich nicht zähmen. Sie lachten.

Sarah und Abraham blieben noch eine Weile in Haran. In der Wüste war es sehr gefährlich gewesen, und sie hatten mit knapper Not überlebt. Aber während die anderen seßhaft wurden, ruhten sie sich nur aus. In der Nacht hörten sie viele Dinge; sie hörten das leise Geräusch, wenn sich ihre sandige Haut aneinanderrieb, sie hörten das Lied der gewaltigen Wüstensterne, und sie hörten die Stimme ihres Gottes.

Ziehe fort aus deinem Land, aus deiner Verwandtschaft und aus deinem Vaterhaus in das Land, das ich dir zeigen werde. Und ich will dich zu einem großen Volk machen, und ich will dich segnen und deinen Namen groß machen, so daß du ein Segen wirst. Ich werde segnen, die dich segnen, und die dich verfluchen, werde ich verfluchen; und durch dich werden sich alle Geschlechter der Erde segnen.

Sobald sie sich ausgeruht hatten, wurden sie ruhelos. Sie hörten Gottes Stimme in der Nacht, und sie lachten aus voller Seele miteinander; sie packten all ihren Besitz zusammen und machten sich wieder auf den Weg. Sie zogen nun nach Süden, nach Süden und Osten. Sie zogen langsam voran, weil sie nicht wußten, wohin, aber sie zogen weiter, wie Abenteurer. Mit ihren Schafen, die hinter ihnen her trotteten, gelangten sie an die Ostseite eines großen Sees und überquerten an dessen unterem Ende einen Fluß, dann wandten sie sich wieder gen Süden. Und die ganze Zeit über lachten sie und neckten sich gegenseitig, und ihr Gott lachte mit ihnen, trieb sie aber immer weiter an.
Sie zogen südwärts in ein neues Land, ein reicheres Land, das Land der Kanaaniter, wo fette Ziegen Milch gaben für üppig gedeihende Kinder und die Blumen auf den Feldern herrlicher blühten als in den Gärten von Ur.
Einmal, als sie durch dieses Land zogen, machte sich Abraham allein auf den Weg. Das machte er manchmal, um so sich selbst und sein Innerstes an schönen, einsamen Stellen der Wüste, eines Berges oder Tales aufzuspüren. Sarah freute sich darüber, weil sie wußte, daß seine Rückkehr von Lachen und Freude erfüllt sein würde. Sie bewegte dann Dinge in ihrem Herzen, indem sie ruhig dasaß, die Beine unter ihrem Körper verschränkte, im Schatten einer Eiche oder einer Terebinthe ruhte und auf ihren Gott wartete; Abraham aber zog umher, hoch hinauf auf die Hügel oder hinaus ins flache Land, und wanderte die ganze Nacht mit Gott; und er kam zurück zu ihr mit einem noch tieferen Lachen, und seine drahtigen Schultern waren ent-

spannt, die Nackenmuskeln weich, und er wartete auf einen Kuß.

Diesmal war er einige Nächte fort; während dieser Zeit übernahm sie die Leitung des Lagers; sie lächelte innerlich und lachte mit den Hirtenjungen, die Achtung vor ihr hatten, weil sie eine Prinzessin gewesen war, weil sie schön und mutig war, weil sie offen lachte und der Achtung würdig war. Wenn Abraham fort war, zogen sie nicht weiter, sondern warteten, bis er zurückkehrte.

Spät in der Nacht, als der abnehmende Mond wie ein Fingernagel und honigfarben am Himmel stand und sie tief und fest schlief, fühlte sie eher als daß sie es hörte, wie er zurückkehrte. Sie regte sich, als seine Gewänder leise raschelnd zu Boden fielen, und drehte sich ihm zu, als sein warmer, sandiger Körper sich mit dem ihren unter der Bettdecke vereinte. Hände, Arme, Zungen, Körper fanden zueinander. Sie vernahm das wohlige Brummen seines müden Lachens, und das ihre schwang glockenhell mit in harmonischer Begrüßung.

»Wir müssen sehr früh aufstehen«, flüsterte er und lachte, »sehr früh, sehr bald; wir werden uns gar nicht mehr schlafen legen. Ich muß dir etwas zeigen.«

»Was?« fragte sie, ohne daß sie wollte, daß ihr etwas verraten würde; sie sehnte sich danach, überrascht zu werden.

»Es wird eine Überraschung sein«, sagte er, und sie lachte.

Und sie standen auf am Morgen, als es noch dunkel war, verschwitzt und voller Sand von ihren Umarmungen, und zogen sich im Zelt an, so aufgeregt wie Kinder, die auf ein Abenteuer hoffen. Sie gingen zusammen hinaus, und in der Dunkelheit konnten sie hören, wie die Schafe ruhig schnauften und vor sich hin dösten, warm, glücklich, zufrieden.

Der Mond war jetzt untergegangen, der Himmel im Westen marineblau mit einem leuchtenden hellen Stern, der schwer am Horizont hing; der Himmel im Osten war blasser, ein wenig blasser, und die großen Sternbilder tanzten noch immer, schaukelten am Himmel über dem Land, das sie beide vor so langer Zeit verlassen hatten, und über dem neuen Land, in das sie gekommen waren. Die Sterne, und nur sie, waren dieselben; dieselben in Ur in Chaldäa und in der Wüste und in diesem neuen reichen Land, in das sie gekommen waren.

Die Esel warteten geduldig. Sein Tier war müde von dem langen Nachtritt; deshalb nahm er seinen Deckmantel und legte ihn auf das Füllen, den jungen Esel, der hinter seiner Mutter hergetrottet war und keine Last getragen hatte. Er nahm Sarah in seine Arme und hob sie auf den Rücken des Füllens, zärtlich und mit fester Hand.

»Komm«, sagte er, und sie gingen aus dem Lager.

Der Himmel wechselte von dunkelblau nach grau; die Sterne erloschen. Der Himmel wechselte von grau nach rosa; einige wenige Vögel begannen zu singen. Der Himmel hatte ganz die Farbe von Aprikosen, reifenden Aprikosen, ein volles Tieforange, Gold, Flammen, Feuer, Zentrum des Lichtes.

Er führte sie über eine felsige Weide durch das Tal und die Hügel hinauf. Die Vögel sangen. Wachteln erhoben sich, aufgeschreckt von den Hufen des Esels. Der junge Esel, von Abraham geführt, blieb ruhig und trug Sarah voller Stolz. Diese begann zu singen, ein ruhiges, freudiges Lied für Abraham, für den Morgen, für die Sonne, die bald aufgehen würde, und für den ungezähmten Gott, dem sie in der Wüste begegnet waren und der immer vor ihnen herzog und nun, das wußte sie, wartend in den Berghöhen schwebte, zu denen sie und Abraham aufstiegen.

»Zu Gott erhebe ich meine Augen«, sang sie,
»Zu dir, der du in den Himmeln herrschst.
Sieh, wie die Augen eines Knechtes
auf die Hände seines Herrn schauen,
Wie die Augen meiner Dienerin
auf die Hände ihrer Herrin,
So schauen unsere Augen auf dich, unseren Gott,
bis deine Gnade und Liebe über uns kommen.«

»Gesegnet sind wir«, sang Abraham mit ihr, »denn wir kommen in der Macht unseres Gottes.«
»Hosanna«, sangen sie zusammen, »Hosanna in der Höhe.«
Sie erreichten eine Anhöhe. Drüben, in Richtung Fluß, nach Süden und auf den Sonnenaufgang zu, konnten sie einen Berg sehen, mit einer flachen Kuppel, gut geschützt, eine Festung, die noch auf ihre Stadt wartete, mit weiten Tälern, die auf sie zustreben; und hinter ihnen, gen Westen und Norden, konnten sie die welligen, grünen Weideländer sehen und wie sich die Hügel sanft in die Täler neigten, wo es Flüsse gab und Tränken mit ruhigem Wasser. Und als sie hinschaute, genau hinschaute, wußte sie, daß sie nur deswegen, dieses Morgens, dieses Anblicks, dieses Landes wegen von Ur in Chaldäa weggezogen waren und die Sicherheiten und Annehmlichkeiten dort verlassen hatten. Deswegen.
Und die Sonne ging auf.
Gott, ihr Gott, ihr ungezähmter Gott der Wüste, ihr Gott, der nicht eingeschlossen und an einen Ort gebunden war, ihr Gott, der umherzieht, ihr Gott, der ein Gott ohne Namen war, ihr Gott, der in den Höhen wohnt, war mit ihnen. Sie wußten nicht, wie er kam. Gott war da, El Shaddai, der Allmächtige. Ihr Gott kam zu ihnen, erschien mit ihnen auf diesem Bergvorsprung, der Aussicht bot auf den Berg, auf dem es

eines Tages eine Stadt geben würde, und auf das weite Land, wo eines Tages ein Volk leben würde; Gott erschien ihnen und war mit ihnen und sagte endgültig und für immer: »Ich werde dieses Land euren Nachkommen geben.«

Sie lachten. Sie kletterte vom Esel herunter, und sie und Abraham bauten hier, an diesem strahlenden Morgen, einen Altar für Gott, ihren Gott, der mit ihnen war.

Dann stiegen sie hinab, zurück zum Lager, und bald darauf packten sie zusammen und zogen weiter, immer weiter nach Süden, bis südlich von Bethel und südlich in den Negeb, wo sie von einer Hungersnot heimgesucht wurden; nach Ägypten, wo sie reich geworden waren; von dort hatten sie sich nach Norden gewandt, wieder hin zu Krieg und Kummer.

Aber es gab jenen Morgen, diesen freudigen Weg in der Morgendämmerung vor Sonnenaufgang, diesen weiten Ausblick, diesen Moment, als Gott ihnen erschien in der Herrlichkeit der aufgehenden Sonne und sie und Abraham gelacht hatten. Immer noch gibt es die Festung, die auf ihre Stadt wartet, und das Land, wo die Schäfer ihre Schafe weiden können. Immer noch gibt es die Verheißung: »Ich werde dieses Land euren Nachkommen geben.«

Sarah ist alt, alt und sehr müde. Ihre Gedanken schweifen umher, manchmal lacht sie, und manchmal weint sie, und sie weiß nicht, wieso und warum. Ihre Gedanken schweifen umher, quer durch ihr ganzes, langes Leben, und sie strengt sich an, daraus eine Geschichte zu machen: die Geschichte ihres Lebens, die Geschichte von Sarah.

Kleiner Junge

Sarah ist alt, alt und sehr müde. Sie lebt jetzt in Hebron und wartet unter den Eichen von Mamre, um herauszufinden, was als nächstes geschieht.
Sarah ist alt, alt und sehr müde. Ihre Gedanken schweifen umher, manchmal lacht sie, und manchmal weint sie, und die, die sie lieben, wissen nicht, warum. Ihre Gedanken schweifen umher, quer durch ihr ganzes, langes Leben, und sie strengt sich an, daraus eine Geschichte zu machen: die Geschichte ihres Lebens, die Geschichte von Sarah.
Sie war natürlich zu alt gewesen, zu alt, um das Kind zu bekommen. Nicht zu alt, um sich damit abzufinden, obwohl sie das getan hatte. Indem sie mit Abraham zusammenlebte, lernte sie, daß ihr Gott, obwohl er treu war, keineswegs leicht zu durchschauen war. Die Dinge waren nicht immer so, wie sie erschienen. Die frühere Verheißung ihres Gottes, sie zur Mutter vieler Geschlechter zu machen und ihre Nachkommen so zahlreich wie die Sterne des Himmels und der Sand der Wüste, schien eindeutig; aber als sie Hagar zu Abraham schickte, damit sie von ihm an ihrer Stelle ein Kind bekommen sollte, hatte sie es bereits akzeptiert, daß Ismael – indem sie ihn annahm – der erste ihrer Nachkommen sein würde. Sie hatte sich das lange und sorgfältig durch den Kopf gehen lassen, sie hatte darüber mit Abraham und ihrem rätselhaften Gott gesprochen, und es hatte so ausgesehen, als hätte er genau das die ganze Zeit über gemeint, vorgehabt und verheißen. Es machte ihr nichts aus; scharfsinnig und gewitzt, wie sie war, wußte sie sich und Abraham nur zu gerne in den Händen eines scharf- und feinsinnigen Gottes, der Wort hielt, aber nicht immer so, wie

man es erwartete. Dennoch plagte sie nun ständig der Gedanke, daß sie, obwohl Gott Wort gehalten hatte, zu wenig daran geglaubt hatte – daß sie einer einfacheren Bedeutung hätte vertrauen und einfach hätte abwarten sollen. Dafür war es zu spät, als sich die Männer zum Essen hingesetzt hatten und ihr mitteilten, daß sie schwanger werden würde, jetzt, nach all diesen Jahren, jetzt, nachdem ihre Monatsblutungen aufgehört hatten, jetzt, nachdem ihre Brüste ausgedörrt waren. Sie hatte damals in die Falten des Zeltvorhanges gelacht, weil das Ganze lächerlich war, weil das Hin und Her in ihrer Beziehung zu Gott widersinnig, zu komisch war. Ihr Gott brachte sie beide zum Lachen, im Gegensatz zu anderen Göttern.

Aber nicht nur in diesem Punkt war sie zu alt gewesen. In einem viel grundlegenderen Sinn war sie zu alt gewesen; ihr Körper war zu verbraucht, zu ausgelaugt, zu alt.

Als Hagar mit Ismael schwanger gewesen war, war Hagar aufgeblüht, ihre Wangen voll und glatt. Sie war schon immer hübsch gewesen, aber jetzt strahlte sie. Bei den meisten jungen Frauen war das so. Manchmal wußte Sarah, daß sie schwanger waren, bevor sie selbst es wußten, weil sie mit den Augen der Erfahrung sehen konnte, wie die Gesichter aufblühten. Und so hatte sie Abraham in der Nacht der Empfängnis halb lachend gesagt, daß sie jetzt wieder hübsch werden würde, ihre Falten sich glätten und ihre Haut weich glänzen würde.

»Für mich bist du immer hübsch, Sarah«, flüsterte er, und seine Hand streichelte ihren Bauch mit einer Zärtlichkeit, die sie seit Jahren nicht gespürt hatte. Da wußte sie, daß auch er dachte, sie würde wieder hübsch werden, und es würde ihm gefallen.

Aber sie war nicht hübsch geworden, sie war krank geworden. Die ganze Zeit während der ersten drei

Monate war ihr übel; es war aber nicht nur das Erbrechen am Morgen, woran viele litten, sondern auch den ganzen Tag hindurch überkam es sie, raubte ihr die Kräfte, laugte sie aus. Weit davon entfernt, fülliger zu werden, aufzublühen wie in der Zeit des Frühlings, war sie abgehärmt, erschöpft, unansehnlich und unglücklich geworden.
Sie hatte sich in ihr Zelt zurückgezogen, war an einigen Morgen kaum in der Lage, die nötige Kraft zum Aufstehen zu finden. Sie war ängstlich, nervös, schwierig und reizbar. Sie kannte sich kaum wieder. Wer war diese Frau? fragte sie sich selbst; diese Frau, die dahinsiechte und wie eine alte Frau nörgelte? Das war doch nicht sie. Sie war jene Frau, die die Wüste lachend durchquert hatte, die aus Ur in Chaldäa als Prinzessin aufgebrochen war und die in Haran angekommen war, eine Frau, die nichts so leicht umwarf, eine Nomadenfrau, die zu überleben wußte. Sie war jene Frau, die herabgezogen war nach Ägypten, als sie von einer Hungersnot heimgesucht wurden, und die zurückgekehrt war durch den Negeb, reich an Vieh und Silber und Gold und Dienern, weil ihre Schönheit den Pharao betört hatte und er ihr Geschenke gemacht hatte, die einer Königin würdig waren.
Sie begann das Kind, das sie von sich selbst entfremdete, zu fürchten und sogar zu hassen; das in ihr lebte wie ein Dieb in Schafskleidern, das lauerte wie eine Ratte in den Mehlsäcken und dabei schmarotzte und herumtrat und fett wurde auf ihre Kosten. Ihre Knöchel schwollen an, ihr Rücken schmerzte, ihre Brüste hingen herab, schwer geworden durch das Gewicht der Milch für diesen Räuber. Es waren elende neun Monate.
Und wenn ihr Körper zu alt für eine Schwangerschaft gewesen war, dann war er viel zu alt für eine Entbindung. Sarah hatte vielen Geburten beigestanden, es

war ihre Pflicht als erste Frau im Lager. Sie hatte, sechs Monate nach ihrem Aufbruch von Ur, ein totes Baby in der Wüste begraben; wenn sie damals gewußt hätte, was sie seither gelernt hatte, wäre es nicht gestorben. Auch jetzt, nachdem sie es zu Wohlstand gebracht hatten, stand sie nachts beim ersten Stöhnlaut einer Frau von ihrem Lager auf und blieb bei ihr: die Frau in Hockstellung zwischen Sarahs Knien, Sarahs starke Arme unter den Achselhöhlen der Frau und Sarahs kräftige singende Stimme, sanft und fest, nahe an deren Ohren. Die Frauen des Lagers wollten Sarah dabeihaben, wenn die Geburt anstand; daß sie selbst nie geboren hatte, war kein Hindernis. Sie wußten, daß Sarah kein Kind verlieren würde, das gerettet werden konnte und auch keine Mutter, die mit ihr auf dem langen Weg ausharrte.
Das vergaß Hagar nie: Sarahs Hände, kräftig und bestimmend unter ihren Armen. Sarahs Knie, sicher und fest an beiden Seiten ihrer Hüfte. Sarahs Brüste, weich und warm an ihrem Kopf und den Schultern. Sarahs Stimme, sanft und entschieden; atmen pressen entspannen pressen pressen atmen das Baby nach unten atmen, sagte Sarahs Stimme, das Baby nach unten atmen kräftig kräftig und ruhig und regelmäßig und Ismael, wie er plötzlich herausrutschte kraft ihrer eigenen Muskeln und Sarahs sanfter Stärke. Sarahs Hände, unermüdlich, liebevoll, die sie, Hagar, mit einem weichen Tuch nach all der Anstrengung wuschen, zärtlich und glücklich, überall, Hände wie kühler Honig, überall an ihrem Körper. Sie wußte, was ihr geschenkt worden war, aber sie fürchtete sich jetzt, und sie zweifelte, ob sie dasselbe auch für Sarah tun konnte. Sarah war zu alt. Sarah war alt und mürrisch und krank und hatte sich vor ihnen ganz in sich zurückgezogen. Sarah war jemand, der gab, sie alle waren daran gewöhnt, zu nehmen. Ein aufgeblähter, häßlicher

Körper hat etwas Unnatürliches an sich. Es bedarf einer einfachen Liebe, um einer Frau in den Zelten gebären zu helfen.

Weil Sarah immer die weise Frau gewesen war, die den Müttern beistand, die im Lager gebärten, gab es keinen, der dasselbe für sie tat. Und sie hatte wirklich keine leichte Geburt. Ihr Körper war zu alt.

Gegen Sonnenuntergang ging Fruchtwasser ab, warm und feucht an ihren Oberschenkeln, und sie wußte, daß sie zu müde war für diese schreckliche Strapaze. Sie wandte ihr Gesicht vom Eingang ab, durch den die Sonne ihre letzten liebevollen warmen Strahlen in das Zelt schickte, verbarg es in den Decken und wartete stumm wie ein Lamm vor seinen Scherern, sprachlos vor Elend und Erschöpfung.

Die Dunkelheit brach herein, erst blau, dann schwarz, und die Sterne durchstachen das Himmelsgewölbe. Der Mond ging auf. Er zog über den Himmel und ging unter, und der Himmel verblaßte von schwarz nach grau, cremefarben, golden, blau. Der Tag war lang und heiß, und die Frauen tupften vorsichtig den Schweiß von Sarahs Stirn und tuschelten mit leiser Stimme, weil die Wehen offensichtlich nicht so regelmäßig stärker wurden, wie sie sollten. Eine weitere lange, kalte Nacht folgte, in der die Frauen Decken auf Sarah häuften, aber immer noch zitterte sie vor Kälte. »Geh umher«, sagten sie, »du mußt umhergehen.« Genau das sagte sie immer zu ihnen und half ihnen umherzugehen, damit die Wehen regelmäßig kamen, um das Baby auf seinem Weg nach unten ins Leben zu unterstützen. Aber sie drehte ihren Kopf weg, vergrub ihn in den Decken und wollte sich nicht anstrengen. *Sie* war den jungen Frauen gegenüber hart, die bei ihren eigenen Wehen nicht mithalfen, aber diese wußten nicht, wie sie ihr gegenüber hart sein konnten. Sie hatten Ehrfurcht vor ihr, sie waren nicht eine Sarah gewöhnt, die vor irgendeiner Aufgabe zurückschreckte und nicht mehr mit ihnen reden und singen wollte. »Setz dich auf«, sagten sie, »du mußt dich aufsetzen.« Genau das sagte sie immer zu ihnen, und sie saß hinter ihnen und hielt sie mit ihren Armen fest, und sie wußten, sie wurden geliebt. Aber sie wollte sich nicht aufsetzen; sie lag und stöhnte leise; dabei haßte sie sich selbst, sie, die zu müde und zu alt für diese Anstrengung war, und sie haßte das Kind, das sich hartnäckig weigerte, geboren zu werden, und sie haßte die Frauen, weil sie so nachgiebig schwach waren.

Gegen Ende der dritten Nacht, als der Mond sich nach Westen bewegte, ging Hagar zu Abraham. Alle Männer warteten, das ganze Lager wartete, selbst die Schafe, so schien es, warteten eng zusammengekauert in ihren Pferchen.

»Wir werden sie verlieren«, erklärte ihm Hagar, »wir werden sie und das Kind verlieren.«

Abraham sprang auf. Er war erschüttert. Damit hatte er nicht gerechnet.

»Es wird schon werden mit ihr«, sagte er. Ihr Gott war nicht leicht zu durchschauen, aber er war nicht treulos. Er sagte: »Es wird schon werden mit ihr«, schroff, weil er Bestätigung wollte, auch wenn er es mit sich allein ausmachen mußte.

»Ich weiß nicht«, sagte Hagar. »Ich glaube nicht. Sie will nicht mit uns ziehen. Sie sagt, sie sei zu müde.«

»Sarah?« Er stockte, noch ganz verstört, aus der Fassung gebracht.

»Sie will es noch nicht einmal versuchen«, sagte Hagar.

Plötzlich ging ein Ruck durch Abraham. Seine Augen verengten sich, und er schaute auf den untergehenden Mond und die gewaltigen, grellen Sterne. Dann lächelte er. Ein verschmitztes Lächeln, eines von einem tiefen Wissen. Er kannte Sarah, er kannte sie so

gut, weil sie vor Jahren, als sie jung waren, zusammen zu einer langen, langen Reise aufgebrochen und sie an diesen Ort geführt worden waren.
Er legte seinen Arm um Hagar, immer noch lächelnd, und sagte: »Ich komme.«
Abraham kam zum Frauenzelt; er stand im Eingangsbereich, und alle Frauen im Zelt erschraken. Männer kamen nicht dorthin, wo Frauen in den Wehen lagen. Sie würden alle unrein werden. Es war nicht sehr glücklich. Es war gefährlich. Für die Männer und die Frauen.
Aber Abraham kümmerte sich nicht darum. Er stand im Eingang, einen Arm lässig um den Zeltpfosten gelegt, und blickte auf Sarahs Rücken. Sogar in all der Aufregung, die Abrahams Ankunft verursacht hatte, wandte sie ihren Kopf nicht um.
»Du bist eine weichliche Frau, Sarah«, sagte er, »ein verwöhntes, faules Stück; ich hätte dich in Ur zurücklassen sollen, wo alle Frauen verweichlicht sind.« Er trat ins Zelt und blieb genau über ihr stehen. »Du bist eine Diebin«, sagte er zornig, »ich habe mein ganzes Leben lang für dich gearbeitet und jetzt willst du nicht einmal diese eine Kleinigkeit für mich tun.« Er ging hinüber zu der Truhe, in der sie ihre Juwelen verwahrte, die Juwelen, die der Pharao ihr geschenkt hatte, ihre Seidenstoffe und Parfüms, ihre Haarkämme aus Ägypten; und er warf sie um und kippte alles auf den Zeltboden; es polterte und klirrte, ihre Schätze fielen auf die Erde und lagen zerbrochen auf dem ganzen Zeltboden verstreut. »Du bist eine verweichlichte Frau«, sagte er noch einmal, »eine verweichlichte, feige Frau.«
Sie wurde wütend. In ihrem Ärger drehte sie sich um. Sie setzte sich auf. »Wie kannst du es wagen, du Bastard?« schrie sie ihn an. »Raus hier! Raus aus meinem Zelt! Kannst du nicht sehen, daß das hier eine Arbeit ist, die nur Frauen angeht?«

Er schaute sie verächtlich an. »Hier ist überhaupt noch nicht viel gearbeitet worden, soweit ich sehen kann. Glaubst du, wir haben den ganzen Monat Zeit, um uns damit abzugeben? Wir sind Nomaden, Sarah, wir haben keine Zeit für diesen weichlichen Blödsinn.«
»Raus!« schrie sie, wobei sie ihr Kinn herunterzog und ihre Stimme anschwellen ließ. »Raus!«
Er stand da mit spöttischem Blick, in seiner Hand baumelte eine lange Goldkette. »Du kriegst mich hier nicht raus.«
Sie stand auf; sie stürzte sich auf ihn und holte mit ihrer Hand zu einer Ohrfeige aus. Weil dadurch ihr Kind in eine neue Lage rutschte, wurde sie von einem krampfartigen Schmerz durchzuckt. Sie schrie auf und fiel gegen Abraham. Der packte sie mit starkem und festem Griff unter den Achselhöhlen und hielt sie, während sich ihr Körper hob und senkte. Er hielt sie fest, ohne sich zu bewegen, und ließ sie nicht los. Ihre Wehen rissen sie herum, sie schrie, und er hielt sie. Ihre Wehen schüttelten sie mit Schmerz, und dabei biß sie in seinen Hals wie ein Tier, und er blutete, und er hielt sie.
Hagar kniete zu ihren Füßen, um das Kind zu holen.
Es gab eine Pause; Sarah schnaufte, schnaufte tiefe, tiefe Atemzüge in Abrahams Arme. Sie warf ihren Kopf zurück, um Luft zu bekommen, und schaute dabei direkt in sein Gesicht.
»Weichlich«, sagte er mit sanfter Stimme, »du bist eine verweichlichte Frau, Sarah.«
Sie erkannte, daß sie hereingelegt worden war, sie erkannte, daß er sie hereingelegt hatte; sie war wütend, und sie lachte. Sie lachten beide. Sie lachten zusammen, ein tiefes, volles Lachen, und in dieser Welle ihres Zorns und ihres Lachens wurde ihr Sohn geboren. Sie nannten ihn Isaak, was bedeutet: ›Gott lachte‹.
Gott lachte; Gott, ihr Gott, ihr ungezähmter Gott, ihr

Gott, der ein Gott ohne Namen war, ihr umherziehender Gott, ihr treuer, raffiniert-komplexer Gott, El Shaddai, der Allmächtige, lachte mit ihnen. Ihr Gott, der Leben und Lachen, nicht Verzweiflung und Mißmut in den Zelten, an all den heiligen Stätten liebte, lachte mit ihnen.

Hagar hob das Kind hoch und reichte es Abraham, der überhaupt nicht hätte da sein dürfen, und sie schlang ihre Arme um Sarah und legte sie nieder auf ihr Bett und wusch sie nach all der Anstrengung liebevoll mit einem weichen Tuch, wusch sie zärtlich und glücklich mit Händen wie kühler Honig.

Sarah ist alt, alt und sehr müde. Ihre Gedanken schweifen umher, manchmal lacht sie, und manchmal weint sie, und sie weiß nicht, wieso und warum. Ihre Gedanken schweifen umher, quer durch ihr ganzes, langes Leben, und sie strengt sich an, daraus eine Geschichte zu machen: die Geschichte ihres Lebens, die Geschichte von Sarah.

Der Kuß

Sarah ist alt, alt und sehr müde. Sie lebt jetzt in Hebron und wartet unter den Eichen von Mamre, um herauszufinden, was als nächstes geschieht.
Sarah ist alt, alt und sehr müde. Ihre Gedanken schweifen umher, manchmal lacht sie, und manchmal weint sie, und die, die sie lieben, wissen nicht warum. Ihre Gedanken schweifen umher, quer durch ihr ganzes, langes Leben, und sie strengt sich an, daraus eine Geschichte zu machen: die Geschichte ihres Lebens, die Geschichte von Sarah.
An manchen Tagen erscheint es ihr wichtig, entscheidend, notwendig, zu wissen, wann genau sie sich verändert hatten. Es mußte einen bestimmten Zeitpunkt geben, einen Zeitpunkt, der so unauffällig war, daß sie ihn damals nicht bemerkt hatte, aber dennoch so absolut, daß sie für immer in seinem Schatten lebten. Es mußte einen Zeitpunkt gegeben haben, wo sich alles änderte, so daß alles, was vorher unvorstellbar gewesen war, selbstverständlich wurde und auf eine undurchsichtige Weise klar, einen Zeitpunkt, der alles, was später geschah, unausweichlich machte. Irgendwo, an irgendeinem Tag, an irgendeinem Brunnenrand, in irgendeiner Oase, unter einem hellen Mond hatten sie sich alle verändert: und an manchen Tagen erscheint es ihr wichtig, daß sie sich an diesen Zeitpunkt erinnert, sich ihn vergegenwärtigt.
An bestimmten Tagen hat er überhaupt keine Bedeutung. An anderen Tagen sieht sie minuziös, in quälendem und vollständigem Detail, nur jene Stelle, ein Stückchen links von Hagars voller Oberlippe, einen glatten Hautflecken, auf dem weiche Haare so fein wie Pfirsichhaare golden schimmern. An manchen Tagen,

manchen Nächten, besonders Nächten, konnte sie sogar die Poren auf jenem kleinen Hautflecken zählen, dem Hautflecken, den sie küßte, bevor sie ihre Freundin zum Sterben in die Wüste hinausschickte.
Jetzt, so lange danach, weiß sie noch nicht einmal warum.
Sie kramt in ihren Erinnerungen, begibt sich in lange, unterirdische Labyrinthe, in dunkle Gänge, an deren Ende sie immer wieder Hagar und Abraham hört, wie sie unter dem Nachthimmel lachen. Hagars Lachen war ganz anders als ihr eigenes Lachen, ein leises geflüstertes Lachen, tief und verführerisch.
Sie findet Entschuldigungen. Hagar war unerträglich, Hagar hatte sie mit Verachtung angesehen, hatte sie zu oft ihrer Kinderlosigkeit wegen verspottet. Hagar war ein Sklavenmädchen, und ihre Rücksichtslosigkeit brachte sie alle in Gefahr. Wenn sie mit Abraham unter den gewaltigen Sternen lachte, konnte jeder im Lager wissen, daß Abraham seine Frau allein in ihrem Zelt ließ und sich mit der ägyptischen Sklavin seiner Frau herumtrieb. Sie, Sarah, war eine Prinzessin aus dem königlichen Haus in Ur, und es war nicht recht, daß man sie so behandelte.
Hagar war ihre Freundin, ihre Gefährtin, ihre Tochter, und draußen in der Wüste – das wissen nur wenige Frauen besser als Sarah – ist es grausam und bitter. Sie waren von Ur in Chaldäa aufgebrochen, und starke Männer waren gestorben, ihre Gesichter waren schwarz geworden, Schaum war auf ihren Lippen gewesen, und sie waren gestorben, schon bevor ihre Körper auf den groben Sand fielen. Sie hatte zugeschaut, wie Abraham mit nervösem Blick und voll Unbehagen Hagar Brot und einen Schlauch Wasser gegeben hatte. Sie hatte zugeschaut, wie Abraham das Kind auf Hagars Schultern setzte. Sie hatte zugeschaut, wie Hagar dort gestanden war, weder bettelnd noch wei-

nend, wie sie mit ihrem kleinen Jungen auf der Schulter und dem Schlauch Wasser in der Hand dagestanden war und Abraham mit Würde für die Gabe gedankt hatte.
Selbst wenn es wahr gewesen ist, selbst wenn es wahr gewesen ist, und jetzt, so viele Jahre später, weiß Sarah noch nicht einmal, ob es wahr gewesen ist, aber selbst wenn es wahr gewesen ist, daß Hagar sich schlecht verhalten hatte, anmaßend und frech, und ihrer Herrin mit Verachtung begegnet war, selbst wenn es wahr gewesen ist, gab es etwas Wahreres: Keine Frau, überhaupt keine Frau, was immer sie auch getan hat, sollte, versorgt mit Brot und einem Schlauch Wasser, mit einem kleinen Kind hinaus in die Wüste geschickt werden. Keine Frau. Mit Brot, Wasser und einem Kuß.
Es gab keine Entschuldigungen.
Sie findet Entschuldigungen. Abraham war ihr untreu, und sie hatte es besser verdient. Untreu ihr gegenüber, nicht weil er mit Hagar schlief, sondern weil er mit ihr lachte, dieses tiefe, verrückte Lachen lachte, dieses freudige, schallende Lachen, draußen unter dem Mond, wo das ganze Lager ihn hören konnte. Er trug die Verantwortung. Er hatte Hagar verbannt. Abraham, nicht Sarah. Sie gehörten alle ihm; sie waren alle sein Eigentum, und er hatte beschlossen, es zu tun. Er tat nicht unbedingt, was sie ihm sagte; sie war nie eine von diesen Ehefrauen gewesen, dieser Art großtuerischer Ehefrau. Abraham war ein starker Mann, nicht den Befehlen seiner Frau hörig. Er hatte es getan. Sie hatte ihn nicht dazu veranlaßt; er hatte das Kind, sein Kind, in Hagars Arme gelegt und ihr das Brot und den Schlauch Wasser gegeben und sie in die Wüste geschickt. Er war es. Es war nicht Sarahs Schuld.
Sie war zu stolz auf sich gewesen. Sie hatte Abraham

nicht herumkommandiert, das hatte sie nie nötig gehabt. Sie hatte ihn in der Hand gehabt. Nicht am Anfang; am Anfang war sie eine gute Ehefrau gewesen, eine liebe, gehorsame und richtige Ehefrau, aber sie hatte gelernt. Sie hatte gelernt zu lachen und zu lieben, und damit hatte sie ihre eigenen Möglichkeiten kennengelernt. Sie hatte ihre Schönheit und ihren Witz und ihre Intelligenz für ihre eigenen Zwecke benutzt und war stolz darauf gewesen. Sie hatte seine fixen Ideen genährt, seinen Schwächen nachgegeben und ihn im Bewußtsein seiner eigenen Würde gestärkt. Er war ein liebevoller, verrückter Mann gewesen, und sie war ihm aus Ur bis hoch nach Haran gefolgt und von Haran hinab durch das Land der Kanaaniter in den Negeb und hinunter nach Ägypten und wieder zurück, weil er ein liebevoller, verrückter Mann war; und während dieser ganzen Zeit hatte sie seine Liebenswürdigkeit und Verrücktheit unterlaufen und das als ihr gutes Recht angesehen.

Sie hatte ihm in Ägypten ein Vermögen verdient, als sie sich auf kissenbedeckten Sofas im Frauenpalast des Pharao rekelte. Der Pharao hatte Abraham Gold und Silber, Schafe, Ochsen, Esel, Diener, Dienerinnen, Eselinnen und Kamele geschenkt, und zum ersten Mal konnten sie nicht unbeschwert und lachend reisen. Zum ersten Mal war ihr der Gedanke gekommen, daß er ihr vielleicht etwas schuldete.

»Schenk mir ein Kind von Hagar«, hatte sie ihn gebeten, »von Hagar, meiner Sklavin.« Sie hatte ihn unter Lachen beschwatzt. Sie hatte ihn in der Hand gehabt. Sie hatte gedacht, sie könnte ihn besitzen, und weil sie ihn besaß, hatte sie gedacht, sie könnte Hagar besitzen, ja und auch das Kind, das Hagar zur Welt brachte. Sie hatte gesehen, wie das Kind an Hagars Brust gluckste, zufrieden, lachend, und hätte da schon begreifen sollen, daß man das Kind einer anderen Frau nicht besitzen kann: Frauen gebären nicht für jemand andern oder für sich selbst, sondern um des Kindes wegen, und Kinder kann man nicht besitzen. Sie sind ein Geschenk, ein Geschenk von Gott, der sie gibt oder auch nicht, nach einem Willen, der so groß ist wie die Wüste und so rein und hart wie die Sterne nachts über der Wüste.

»Wirf diese Sklavin mit ihrem Sohn hinaus«, hatte sie ihn gebeten. Er selbst wäre nie auf diesen Gedanken gekommen.

Selbst wenn es wahr gewesen ist, selbst wenn es wahr gewesen ist, und jetzt, so viele Jahre später, weiß Sarah noch nicht einmal, ob es wahr gewesen ist, aber selbst wenn es wahr gewesen ist, daß er sich hätte anders entscheiden können, selbst wenn es wahr gewesen ist, so gab es etwas Wahreres: Kein Mann, überhaupt kein Mann, was immer er seiner Frau auch schuldet, was immer sie für ihn auch getan hat und wie sehr auch immer sie ihm gedient und Freude gemacht hat, sollte aufgefordert werden, sich zwischen zwei Frauen, die er liebt, zu entscheiden. Kein Mann sollte durch Küsse dazu verführt werden, eine grausame Wahl zu treffen; und wenn Frauen nicht ehrlich zu ihrer eigenen Stärke und Verantwortung stehen, dann müssen sie eben darauf verzichten.

Es gab keine Entschuldigungen.

Sie findet Entschuldigungen. Sie hatte es für Isaak getan. Ihr und damit auch Isaak war die Verheißung geschenkt worden. Es war nicht ihre Schuld. Wenn er zur richtigen Zeit geboren worden wäre, hätte es Ismael niemals gegeben. Es war nicht recht, daß das Kind der Verheißung, das Kind, weswegen seine Eltern aufgebrochen waren aus Ur in Chaldäa, quer durch die heiße Wüste, das Kind, für das seine Mutter sich zurückgesetzt hatte, das Kind, das sie erwartet, ersehnt und worum sie gebetet hatten... Es war nicht recht, daß ihr Sohn sein Erbe mit dem Sohn eines Sklavenmädchens teilen sollte, nur weil sein Vater in einer seiner verrückten Anwandlungen beschlossen hatte, daß das Zeichen des Bundes nicht ihr Schoß, sondern die Vorhaut der Männer des Stammes war. Sie mußte ihren Sohn verteidigen. Es war recht, ihren Sohn zu verteidigen. Hatte Abraham wirklich vergessen, daß in dem Land zwischen den zwei Strömen und vom Anbeginn aller Zeiten nur die Mutter, die Große Mutter, die Göttin selbst, Leben spendete und durch die Mütter weitergab und daß die Männer dankbar sein durften, wenn man sie soweit einweihte und sie wissen ließ, daß sie Väter waren? Wie konnte Abraham es wagen, diese heilige Angelegenheit für Männer zu beanspruchen; wie konnte er es wagen, die Vorhaut der Männer mehr als das dunkle Blut und die Wehen der Frauen als Zeichen des Bundes mit Gott zu beanspruchen. Abraham hätte Ismael einen Anteil an dem Erbe ihres Sohnes gegeben, dem Sohn aus dem königlichen Haus von Ur, weil Abraham die Vorhaut des armen Kindes beschnitten hatte. Sie mußte nicht Hagar, die ihre Freundin war, loswerden, sondern den Jungen, der ihrem eigenen Sohn das Erstgeburtsrecht stehlen würde; das Kind, das es ohne sie noch nicht einmal gegeben hätte.

Als Hagar mit Ismael in den Wehen lag, hatte sich Sarah gegen den Zeltpfosten in der Mitte des Zeltes gestützt und Hagar sieben Stunden lang festgehalten, und ihr Schweiß hatte sich miteinander vermischt. In dem schlimmsten Moment, als Hagar aufgeben und sich hinlegen und ihr Gesicht bedecken und sterben wollte, dem Moment, von dem Sarah jetzt wußte, daß er auf jede gebärende Frau zukam, hatte Hagar Sarah angeschrien, sie solle sie in Ruhe lassen, und Sarah hatte gelacht und gesungen und Hagar gesagt, daß sie sich zusammen anstrengen würden für dieses Kind und für alle Kinder, die dem Lager geboren würden; denn sie waren aus der Wüste von Ägypten her nicht nur für sich gekommen, sondern um ein Volk zu werden, ein Geschlecht so zahlreich wie die Sandkörner in der Wüste und die Sterne am Himmel über der Wüste. Hagar hatte neuen Mut geschöpft und ihre schwere Arbeit wieder aufgenommen, und im ersten Licht, als der Mond unterging und der silbergraue Tau zu schimmern anfing, war Ismael geboren worden, und sie alle hatten gejubelt; alle Frauen, auch sie, hatten gejubelt, weil ihnen nach einer langen Nacht des Wachens und Wartens ein Sohn geboren war, ein Sohn mit dunklen Augen und einem finsteren Gesichtsausdruck, der sich jetzt, müde nach seiner langen Reise, an die Brust seiner Mutter schmiegte und einschlief. Alle Frauen aus dem Lager hatten mitgesiegt, hatten teil an dem neuen Leben, dem heiligen Geschenk der Großen Mutter.

Selbst wenn es wahr gewesen ist, selbst wenn es wahr gewesen ist, und jetzt, so viele Jahre später, weiß Sarah noch nicht einmal, ob es wahr gewesen ist, aber selbst wenn es wahr wäre, daß eine Frau ihre eigenen Kinder verteidigen muß, sie den Kindern anderer Frauen vorziehen muß, daß sie hauptsächlich für sie kämpfen und leiden muß, selbst wenn es wahr wäre, gab es etwas Wahreres: Alle Frauen sind Schwestern, weil sie alle Töchter der Großen Mutter sind, und keine Frau darf zum Schutz ihres eigenen Kindes eine andere Frau auf die Wange küssen, links neben ihren Mund, und lächeln und sie und das Kind hinausschicken in die Wüste zum Sterben.

Es gab keine Entschuldigungen.

Sie entschuldigt sich selbst. Letzten Endes war nichts passiert. Sie konnte nun hören, wie Ismael ins Lager unten in Beer-Sheba hineinstolziert, ein vornehmer Mann, wild und finster gegen die Mittagssonne blickend, ein Bogenschütze, der seine Hand gegen alle Männer erhebt; ein Stammesfürst in Paran mit einer schönen ägyptischen Frau und einer Schar von Kindern. Sie hat ihn also nicht getötet, auch Hagar nicht; es war wirklich nichts passiert. Er kommt und geht, immer noch Abrahams Sohn; er und Isaak, beide heiter und ungezwungen miteinander, sich gegenseitig auf die Schulter klopfend. Er kommt nicht zu ihr nach Hebron, um sie zu besuchen, aber sie würde es auch nicht wollen. Sie hat erfahren, daß Hagar nach einem langen und ehrbaren Leben zur letzten Ruhe geleitet wurde; Hagar hat gesehen, wie ihr Sohn heiratete, sie hatte ihre Enkelkinder in ihren Armen gewiegt und war zufrieden. So war wirklich nichts passiert.

Es war etwas passiert.

Es war etwas passiert, weil Verrat immer von Bedeutung ist. Sie hatte Hagar zärtlich einen Kuß gegeben und gelächelt.

Es war etwas passiert. Gott, ihr, Sarahs und Abrahams Gott, ihr ungezähmter Gott, ihr Gott, der nicht eingeschlossen und an einen Ort gebunden war, ihr Gott, der umherzieht, ihr Gott, der ein Gott ohne Namen ist, ihr Gott, der in den Höhen wohnt, El Shaddai, der Allmächtige, war zusammen mit Hagar hinaus in die Wüste gezogen. Sie hätten wissen sollen, daß ihr Gott so handeln würde. Sie hatten aufgehört zu lachen. Sie waren zu reich geworden; sie hatten aufgehört, umherzuziehen. Sie hatten Anspruch auf ein Land erhoben, ein Land, in dem Milch und Honig fließt. Sie hatten eine Truppe von Kriegern aufgestellt; sie hatten zu ihrem eigenen Vorteil mit Menschen, die zahme Götter hatten, Verträge und Bündnisse abgeschlossen sowie blutige Opfer vollzogen. Sie feilschten mit El Shaddai, dem Allmächtigen, indem sie dem Gott ohne Namen billige Geschäfte anboten – eine Vorhaut für deinen Namen, o Gott; ein totes Kind auf einer Sand-

düne, über die der Wind hinwegfegte, ein winziges Häuflein Knochen, die auf dem groben Sand ausbleichten, gegen ein wahres Erbteil, o Herr.
In ihren Träumen sah Sarah manchmal Hagar in der Wüste. Sie sah die Frau, die sie gekannt und geliebt hatte, die Frau, deren Achselhöhlen in Sarahs nun altgewordenen Handgelenken schmerzten, die Frau, die sie geküßt hatte, als sie sie in ihren Tod schickte, mit Entschuldigungen, die nicht ausreichten, weil es dafür keine Entschuldigungen gibt. Sarah sah sie in der Wüste mit ihrem Gott. Sie sah, wie ihr Gott, der ihr und Abraham in Bethel erschienen war und mit ihnen gelacht hatte, jetzt mit Hagar ging, langsam, so daß der Schatten des Allmächtigen über sie fiel und sie vor der Hitze der Mittagssonne schützte. Sie sah, wie Gott den Sand öffnete, um Wasser für Hagar zu finden, und sie tröstete und ihr versprach, daß sie die Mutter vieler Geschlechter werden würde.
Sie wußte, daß Gott dies nicht tat, um sie oder Abraham zu bestrafen, sondern einfach, weil er war, wie er war. Gott ging mit denen, die in der Wüste umherzogen; Gott sprach mit den Einsamen und Betrogenen; Gott erschien den Verlassenen und tröstete die Trauernden.
An ihren besseren Tagen glaubt sie, daß ihr Gott groß genug sei, mit diesem Verrat fertigzuwerden, damit, daß ein großes und schönes Werk zerstört wurde. An anderen Tagen jedoch vermag sie das einfach nicht zu glauben und denkt, daß irgendwann, irgendwo ein anderes kleines Volk sich von einer anderen großen Stadt aus wird aufmachen müssen und wie sie in der Hitze der Wüste wird leiden müssen – und tanzen in einem neuen Land, in dem es einen Berg ohne Stadt gibt; und daß es von neu an wird lernen müssen, daß man Gott nicht zähmen, sondern nur mit ihm lachen kann.

Aber jedesmal weiß sie auch: Was auch immer wahr ist – oder falls es etwas anderes gibt, das sie noch nicht kennt – was auch immer sich als Wahrheit herausstellen mag, es gibt etwas Wahreres: Sie hätte es nicht tun dürfen. Sie hätte Hagar nicht mit einem Kuß in die Wüste hinausjagen dürfen.

Als sie Hagar geküßt hatte, als alle im Lager zugesehen hatten, wie sie Hagar küßte und sie mit ihrem kleinen Kind auf den Schultern in die brennende Hölle der Wüste hinausschickte, hatte sie nicht nur Hagar verraten. Auch den Bund. Auch Gott. Auch sich selbst.

Sarah ist alt, alt und sehr müde. Ihre Gedanken schweifen umher, manchmal lacht sie, und manchmal weint sie, und sie weiß nicht, wieso und warum. Ihre Gedanken schweifen umher, quer durch ihr ganzes, langes Leben, und sie strengt sich an, daraus eine Geschichte zu machen: die Geschichte ihres Lebens, die Geschichte von Sarah.

Ein Mahl bereiten

Sarah ist alt, alt und sehr müde. Sie lebt jetzt in Hebron und wartet unter den Eichen von Mamre, um herauszufinden, was als nächstes geschieht.
Sarah ist alt, alt und sehr müde. Ihre Gedanken schweifen umher, manchmal lacht sie, und manchmal weint sie, und die, die sie lieben, wissen nicht warum. Ihre Gedanken schweifen umher, quer durch ihr ganzes, langes Leben, und sie strengt sich an, daraus eine Geschichte zu machen: die Geschichte ihres Lebens, die Geschichte von Sarah.
Sarahs Hausgesinde, das sie liebt – wenn auch nicht ganz ohne Furcht, wodurch das hohe Alter einer geliebten und geachteten Frau versüßt wird –, bringt ihr Brot, in Milch getränkt und mit Honig gesüßt. Sie machen sich Sorgen, daß sie nicht genug ißt; sie mummelt den weichen Brei in ihrem zahnlosen Mund, und gelegentlich tröpfelt die süße Milch an ihrem Kinn herab. Dem Gesinde fällt es schwer, das nicht erbarmenswert zu finden und in ihre Liebe und Furcht Mitleid zu mischen. Aber wenn Sarah ihr Kinn abwischt und die Schale zurückreicht, wenn sie aufrecht dasitzt im Schatten der uralten Eichen, dann erinnern sie sich daran, daß sie eine schöne Frau ist und immer war und eine harte, mutige Frau, die ihr ganzes Leben lang unterwegs war und daß es keines Mitleids bedarf. Manchmal, wenn Sarah zahnlos mummelt und alles bekleckert, ist sie voller Groll auf ihren eigenen Körper. Manchmal, wenn sie den Honig in der Milch schmeckt, ist sie voller Freude und weiß, daß es im Alter nichts Besseres gibt, als daß einem etwas Süßes in einer Schale gereicht wird und als dazusitzen und den langen Weg hinunterzuschauen, um zu sehen, ob ihr

Sohn heute von Beer-Sheba herkommen wird, um sie zu besuchen.

Manchmal sitzt Sarah da und träumt von der Vergangenheit und all den Mahlzeiten, die sie gegessen und die sie zubereitet hat. Sie hat viele Dinge in ihrem langen Leben gelernt; die meisten von ihnen sind jetzt nutzlos, aber sie lassen sie nicht los und sind so nun wie Wegmarkierungen für die letzte Reise, die sie macht, die Reise quer durch das wilde Gelände ihres eigenen Lebens, das sie zum zweiten Mal dazu geführt hat, unter den Eichen von Mamre zu sitzen.

In Ur in Chaldäa hatte sie die langen und komplizierten Rituale gelernt, die die Festmähler von Prinzen begleiten mußten. In Ur war sie eine Prinzessin gewesen und dieses Wissen somit ohne viel praktischen Wert, weil es immer einen Eunuchen gab, einen Sklaven, einen Meisterkoch, der die Regeln besser beherrschte, als eine Prinzessin es vermochte, und der jegliche Belehrung durch sie sehr übelgenommen hätte. Aber in der Wüste waren all diese Feinheiten nützlich geworden, und Sarah hatte gelernt, vier runzlige Bohnen, in Brackwasser gekocht, so zu servieren, als handelte es sich um ein Festessen; denn die kunstvollen Rituale erfüllten das Herz, und der leere Magen vergaß, daß er schmerzvoll nach Fleisch, Brot, Honig und Öl verlangte.

In der Wüste hatte sie gelernt, daß Nahrung wertvoll war und Liebe und Sorgfalt verdiente. In Ur in Chaldäa, wo es immer Essen gab, reichliches Essen und Auswahl und Überfluß und Genuß, hatte sie das nicht lernen können. Diese Erkenntnis, herangeweht mit dem sandigen Wüstenwind, war neu für sie, war eine der ersten der vielen Neuheiten, die sie gelernt hatte, seit sie aus Ur hergekommen waren und den langen Weg nach Norden angetreten hatten. In der Wüste war dieses Wissen nicht von großem praktischen Wert, da sie keine Nahrung hatten. Aber später,

als sie dem Haushalt eines Nomadenfürsten vorstand, als es in Datteln geschmorte gemästete Zicklein gab und Salz und Nüsse von Palmen und wilden Honig und Eselsmilch und Bitterkräuter und feines Mehl und Hefe für das Brot, da war das Wissen von Nutzen, und sie lernte, den hungrig an ihnen Vorbeiziehenden aufzutischen oder den Männern, die kamen, um über Brunnen und Wege und Grenzen zu verhandeln, und dies in einer Weise, die dem Gast Ehre erwies, ohne den Nachbarn neidisch zu machen. Wenn man heimatlos ist, zu den Kindern eines Gottes gehört, der umherzieht, zu den Kindern eines Gottes, der das ganze Land versprochen hat, in dem man nun um einen Durchgang für sich und seine Nachkommen bitten muß, ist es wichtig, daß man die Nachbarn mit Achtung behandelt und sie nicht neidisch macht.
Sarah hat gelernt: Wenn einen nachts ein Baby durch sein Schreien weckt, öffnet man einfach vorne sein Gewand und stillt es mit der Milch, nach der es verlangt.
Sarah hat gelernt: Wenn ein Kind mit einem aufgeschlagenen Knie oder mißgelaunt zu einem kommt, ist es besser und sinnvoller, es auf den Schoß zu heben wie auf einen Thron und ihm einen kleinen Honigkuchen zu essen zu geben, bevor man mit ihm über seine edle Abstammung spricht und seine glorreiche Zukunft und daß daraus folgt, daß man zumindest nach außen hin kühn und tapfer zu sein hat.
Sarah hat gelernt: Wenn ein Mann sich zu den Schafweiden, auf die Jagd oder auf eine lange Reise begibt, ist es besser, ihm ungesäuertes Fladenbrot und getrocknete Datteln mitzugeben, die fest in ein Tuch eingewickelt sind, und einen dickwandigen Wasserkrug anstatt weiches Brot und schmackhafte Fleischgerichte und Wein. Und sie hat auch gelernt: Wenn ein Mann nach wochenlangem Schafehüten, Jagen, Herumzie-

hen staubig und müde heimkommt, seine Knochen so müde vom Gehen, daß er kaum sitzen kann und er sich gegen den Zeltpfosten lehnt und den Staub von seinen Haaren schüttelt, so wie ein nasser Hund Wasser abschüttelt, dann wird er sein Erstgeburtsrecht verkaufen für ein Linsengericht, für eine einfache Schale mit Suppe, die man ihm heiß und dampfend direkt vom Feuer reicht.

Sarah hat gelernt: Wenn Gott kommt, um mit den Menschen zu essen, bietet man ihm ein einfaches Mahl an, schnell und ohne Hast; denn es ist der Gott, der umherzieht, El Shaddai, der Allmächtige, und er zieht wieder weiter. Er möchte, daß man ihm gibt, was er gegeben hat. Andere Götter waren Götter von festen Orten; dort blieben sie, und Tempel wurden ihnen errichtet; aber dieser Gott war mit ihnen draußen in der Wüste und wußte, daß der Wind alle Tempel zerstört und daß keine Zeit bleibt für ausgefeilte Rituale. Der Gott Sarahs und Abrahams weiß, daß man fette Ochsen besser hungrigen Mäulern gibt, als sie zu opfern und das Fett am Altar zu verbrennen. Ihr Gott will, daß die Menschen zu essen haben, so daß sie weiterziehen können. Ihr Gott will, daß sie mit wenig Habe umherziehen, so daß sie weit kommen können. Ihr Gott kommt, um mit ihnen zu essen, die Früchte der Erde und die Arbeit von Menschenhand. Ihr Gott hat nichts übrig für Brandopfer oder Opfertiere; das Leben ist zu kostbar, zu unsicher.

Das lernte sie nicht in Ur, und sie lernte es nicht in der Wüste; sie lernte es nicht von Abraham noch durch ihre eigene Weisheit. Sie lernte es in Kanaan, im Land der Amoriter, in dem Land, das eines Tages ihnen gehören würde. Sie lernte es von Melchisedek, dem Priesterkönig von Salem, der für das Siegesfest im Schawetal Brot und Wein brachte und den Segen erteilte.

Es war das erste Mal, daß Abraham seine jungen Männer als Kriegstruppe hinausgeführt hatte. Das war neu, eine große Änderung für sie alle, eine Änderung, von der es vielleicht kein Zurück gab. Sie waren in Ägypten zu reich geworden; man kann leicht umherziehen mit einem Esel und einigen Schafen; nicht aber, wenn man reich ist an Vieh und Kamelen und Dienern und Eselinnen und Silber und Gold. Als sie wieder nach Norden zogen durch den Negeb, durch die Steinwüste, war dies etwas ganz anderes als ihr Aufbruch. Als sie nach Bethel zurückkehrten, zu dem Ort, an dem sie und Abraham in der Morgendämmerung lachend ihren ersten Altar gebaut hatten, kehrten sie als andere Menschen zurück. Sie waren heimgekommen. Sie waren nicht länger die Menschen, die unter dem Ansporn Gottes, der mit ihnen war, umherzogen. Sie zogen nicht länger mit wenig Habe umher, sondern mit so viel Gewicht, daß das Land sie nicht mehr tragen konnte; und Lot und Abraham hatten die Weideländer zwischen sich aufgeteilt, als wären sie ihr Eigentum.

Danach war ein Krieg unausweichlich. Bis dahin hatten sie nicht viel vom Kämpfen gehalten; wurden sie zu stark bedrängt, packten sie in der Nacht alles zusammen und zogen weiter. Gewöhnlich verhandelten sie um Weideland und Lagerplätze; sie kamen als Bettler, blieben jedoch nur als Gäste, und wo sie nicht willkommen waren, schüttelten sie den Staub von ihren Füßen und machten sich wieder auf den Weg. Als aber Abraham und Lot das Land zwischen sich aufgeteilt und Grenzen gezogen hatten, um ihr Eigentum abzusichern, waren sie Siedler geworden, und Siedler müssen verteidigen, was ihnen gehört, aber um es zu verteidigen, müssen sie bereit sein, in den Krieg zu ziehen.

Damals hatte es nicht danach ausgesehen. Es schien

eine klare Sache zu sein, ein einfacher Liebesdienst wegen Lots Notlage. Sie waren einfach verärgert. Niemand, außer vielleicht Abraham, konnte seinem Neffen sagen, was er tun sollte. Eine Beleidigung Lots bedeutete für sie alle eine Beleidigung, und wenn ein plündernder Haufen dachte, er könnte Lot und seine Sippe zu Sklaven machen, so mußte man ihm zeigen, daß er sich darin grundlegend geirrt hatte.

So hatte auch sie empfunden. Sie gab niemandem die Schuld außer sich selbst. Aber als Abraham und seine dreihundertachtzehn ausgebildeten Männer aus dem Lager geritten waren und die Frauen in Ungewißheit zurückblieben, hatte sie die Angst gepackt. Nicht die Angst, daß er nicht zurückkommen würde; in jenen Tagen hatte sie noch geglaubt, ihr Gott wäre in dem, was er tut, zu durchschauen und Abraham würde nicht sterben, weil er noch kein Kind hatte, das die Verheißung erben würde. Ihre Angst hatte einen anderen Grund: daß sich alles völlig verändert hatte und daß sie nie wieder zusammen mit El Shaddai in der Morgendämmerung lachen würden. Aber die Änderung mußte vorher eingetreten sein, weil es dreihundertachtzehn ausgebildete Männer im Lager gab. Wie war das bloß alles gekommen? Wie hatte aus einem Hirtenverband ein Stamm werden können? Wie hatte ein Nomadenvolk einen Altar in Bethel aufstellen und Grenzen zu seinen Nachbarn errichten können? Wie hatten eine mutige Frau und ihr lachender verrückter Mann an einen Ort gelangen können, wo sie das Leben von dreihundert jungen Männern aufs Spiel setzten und das Lächeln von dreihundert jungen Frauen, die auf die Rückkehr ihrer Männer warten mußten?

Es war alles gut ausgegangen. Abraham und die meisten seiner jungen Männer waren im Triumph zurückgekehrt, zusammen mit den Verbündeten und mit Beute und, was natürlich am wichtigsten war, mit

Lot und dessen Anhang. Sie alle trafen sich zu einer Feier im Schawetal, dem Königstal.
Sklaven bauten Altäre für die Krieger zum Feiern, so wie Sklaven die Zikkurat von Ur gebaut hatten. Das Vieh wurde herbeigeführt, ebenso tanzende Mädchen, Mädchen, denen es nicht freistand, zu tanzen und in der goldenen Morgendämmerung zu lachen, sondern die auf Befehl ihrer Besitzer tanzten. Und sie und Abraham waren von all dem begeistert gewesen. Sie hatten einander gesagt, daß die jungen Männer diese Parade, diesen Triumph, dieses Fest verdient hatten, aber beide hatten sie auch geglaubt, daß sie es verdient hatten. Das war ihr gutes Recht, denn Abraham und seine jungen Männer hatten die Feinde ausfindig gemacht und nach Norden bis hinter Damaskus verfolgt und damit bewiesen, daß sie, das Volk ohne Land, zu einem Stamm geworden waren, mit dem zu rechnen war. Sie waren stolz auf sich.
Und dann brachte Melchisedek, der König von Salem und Priester des höchsten Gottes, Brot und Wein und den Segen für das Fest. Er war ein Mann, der anders lachte, als sie und Abraham lachten; er war ein Mann, dessen Augen klar waren, auch als er um die jungen Männer weinte, die nicht zurückgekehrt waren. Er war ein Mann, der ruhig war, während andere schwatzten, und der sang, während andere schrien. Es trat eine große Stille ein, als er sie segnete, als er das Vieh losmachte und den tanzenden Mädchen erklärte, sie könnten ihre Kleider wieder anziehen. Und er opferte Brot und Wein auf den Altären, die sie errichtet hatten, und der höchste Gott nahm das Opfer mit Freuden an.
»Komm«, hatte er freundlich gesagt, als sie ihm nach der Sitte von Ur auf Knien den Becher angeboten hatte. »Komm, trink mit mir. Der Gott, der umherzieht, weiß, daß Frauen auch trinken müssen, wenn sie in

der Wüste umherziehen.« Und als sie daran genippt hatte, drehte er vorsichtig den Becher, um an derselben Stelle zu trinken wie sie. Sie tranken, sie lachte, er lächelte, und es war nichts Anzügliches in seinem Lächeln.

Sie war beschämt. In jener Nacht im Zelt erzählte sie Abraham davon, und er hatte überrascht geschaut. Aber am Morgen ging er hinaus zu den Leuten und gab den zehnten Teil von allem, was er besaß: vom Vieh und den Schafen und den Eselinnen und dem Silber und dem Gold; er gab den zehnten Teil von allem an Melchisedek und bat um dessen Segen. Er würde keinen Teil der Beute, »keinen Faden und keine Schuhriemen«, für sich beanspruchen – so erklärte er ihnen – nur den Anteil für das, was seine jungen Männer verzehrt hätten, aber dies zu ihrer Ehre und nicht zu seiner.

So lernte Sarah: Wenn Gott kommt, um mit den Menschen zu essen, bietet man ihm ein einfaches Mahl an, schnell und ohne Hast. Man nimmt drei Maß feines Mehl, knetet es und macht daraus Kuchen; hat man ein schönes Kalb, tötet man es und bereitet es zu; es macht aber auch nichts, wenn man keines hat. Brot und Wein, die einfachsten Dinge, Brot und Wein, gesegnet und gegessen und getrunken. Man bietet sie an in Würde und Einfachheit; und wenn man lacht, weil Gott einem eine so unwahrscheinliche und widersinnige Freude verheißt, so daß man es gar nicht glauben kann, daß man so gesegnet ist, dann erstickt man aus Höflichkeit sein Lachen in den Zeltvorhängen und streitet ab, gelacht zu haben, wohl wissend, daß Gott es besser weiß.

El Shaddai, der Allmächtige, der höchste Gott, liebt Lachen und Brot und Wein und Segen; er sehnt sich danach, mit den Menschen die einfachen Früchte der Erde zu essen.

Sarahs Hausgesinde, das sie liebt, bringt ihr Brot, in Milch getränkt und mit Honig gesüßt. Sie mummelt den weichen Brei in ihrem zahnlosen Mund und ab und zu tröpfelt die süße Milch an ihrem Kinn herab. Wenn Sarah ihr Kinn abwischt und die Schale zurückreicht und aufrecht dasitzt, erinnern sie sich daran, daß sie eine schöne Frau ist und immer war und eine harte, mutige Frau, die ihr ganzes Leben lang unterwegs war.

Sarah ist alt, alt und sehr müde. Ihre Gedanken schweifen umher, manchmal lacht sie, und manchmal weint sie, und sie weiß nicht, wieso und warum. Ihre Gedanken schweifen umher, quer durch ihr ganzes, langes Leben, und sie strengt sich an, daraus eine Geschichte zu machen: die Geschichte ihres Lebens, die Geschichte von Sarah.

Opferung

Sarah ist alt, alt und sehr müde. Sie lebt jetzt in Hebron und wartet unter den Eichen von Mamre, um herauszufinden, was als nächstes geschieht.
Sarah ist alt, alt und sehr müde. Ihre Gedanken schweifen umher, manchmal lacht sie, und manchmal weint sie, und die, die sie lieben, wissen nicht warum. Ihre Gedanken schweifen umher, quer durch ihr ganzes, langes Leben, und sie strengt sich an, daraus eine Geschichte zu machen: die Geschichte ihres Lebens, die Geschichte von Sarah.
Es ist manchmal schwer, daraus klug zu werden. Es gibt Lücken, Lücken in der Geschichte, die es unmöglich machen, diese zu verstehen. Sie weiß nicht, was sich zwischen Abraham und Isaak im Lande Morija abgespielt hat. Sie spricht nicht mehr mit Abraham, und sie weiß, daß Isaak es ihr nie erzählen wird. Jetzt, wo er erwachsen ist, wird er seinen Kopf zurückwerfen und herablassend von Frauen sprechen. Er wird sich eine Frau aus einem fernen Volk nehmen, eine Frau, der er noch nie begegnet ist und in deren Augen er noch nicht tief genug geschaut hat, um zu sehen, ob sie ein gemeinsames Lachen haben, das sie auch die Wüste ertragen läßt.
Abraham kehrte selbstgefällig und zufrieden aus dem Land Morija zurück. Isaak kehrte aus dem Land Morija zurück wie ein wildes Tier, das festgebunden, aber nicht gezähmt ist. Noch Monate später wachte er schreiend in der Nacht auf, und seine Mutter im Frauenzelt hörte ihren Jungen schluchzen und konnte nicht zu ihm gehen, ihn trösten und in die Arme nehmen. In seinen Augen war ein Blick, starr, ausweichend, ganz fern, der Blick eines Mannes, der sich stolz gibt, um einen Verrat zu verbergen.

Sie weiß nicht, was sich zugetragen hat. Eines Morgens war Abraham früh aufgestanden, hatte seinen Esel gesattelt und das Lager mit zwei von seinen jungen Männern und seinem Sohn Isaak verlassen. Und sieben Tage später war er bei Sonnenuntergang ins Lager zurückgekehrt; er sah selbstgefällig und zufrieden aus, Isaak aber wie leblos vor Angst, und er erlaubte seinem Vater nicht, ihn zu berühren. Das ist alles, was sie weiß.
Aber sie weiß mehr; wenn sie es sich selbst eingesteht, denn in ihren Gedanken weicht sie ihren Erinnerungen geschickt aus. Sie weiß, daß Abraham sie an jenem Morgen nicht ansehen wollte, Abraham, der immer mit ihr sprach, bevor er sich auf den Weg machte. Abraham, dessen Blick auch damals noch weit und offen ihr gegenüber war, ein Blick voller Respekt und Anteilnahme, auch damals, als sie schon alt geworden waren und einander und sich selbst oft genug betrogen hatten; aber an diesem Morgen wollte er sie nicht ansehen, er wollte nicht mit ihr sprechen, er sagte ihr nicht, wohin er ging. Und sie hatte ihn auch nicht gefragt.
»Wohin gehst du?« fragte sie Isaak, als sie ihn für die Reise segnete.
»Mit den Männern«, antwortete er, und Stolz war aus seinen Augen zu lesen, der Stolz eines achtjährigen Jungen, der an jenem Morgen zu den Männern zählte und mitdurfte, wohin Frauen nicht gehen. Er lachte. Er war ein lachendes Kind gewesen vor jener Reise nach Morija. Er war benannt worden nach dem Lachen Gottes, dem Lachen, das sie geteilt hatte, als sie ihr Gesicht in die Zeltvorhänge drückte: Isaak – Gottes Lachen. So lachte sie mit ihm in der goldenen Morgendämmerung und ließ ihn mit seinem Vater ziehen wie die gute Ehefrau, die sie nicht mehr war seit all jenen Jahren in der heißen Wüste nördlich von Ur.

Sie hatte ihn mit einem Lachen verabschiedet; danach lachte er nicht mehr, sie lachte nicht mehr, und Gott, der ungezähmte Gott, der Gott, der mit ihnen gezogen war, lachte nicht mehr mit ihnen. Es war nicht ihre Schuld, wiederholte sie betrübt in den langen, leeren Nächten danach, es war nicht ihre Schuld, sie hatte es nicht gewußt.

Aber sie hatte Abraham beobachtet, wie er das Holz für ein Brandopfer schlug und es auf den Esel lud. Sie hatte ihn beobachtet, wie er das Opfermesser von seinem Haken am Zeltpfosten nahm und in seinen Gürtel schob.

Er hatte das Holz für ein Brandopfer geschlagen, und er hatte es auf den Esel geladen. Er hatte nicht ein Zicklein, ein Schaf, einen Ochsen, noch nicht einmal einen Hahn oder eine Taube mitgenommen, sondern hatte Holz für ein Brandopfer aufgeladen und seinen Sohn an die Hand genommen. Dieser zappelte vor Aufregung, vor Eifer, laut lachend in der Morgendämmerung des Lagers, weil er mit den Männern ziehen würde in einer Angelegenheit, die nur Männer angeht, und sogar seine Mutter, die doch alles weiß, muß ihn fragen, wohin es geht. Er ist unschuldig, mit strahlenden Augen, verspielt und voll Vertrauen. Er winkt ihr zu, zitternd vor Freude, als die kleine Gruppe die Biegung des Flusses erreicht und dann verschwindet. Und sie hatte so getan, als würde sie nichts bemerken, weil sie den herablassenden Blick, den ihr Mann ihr zuwerfen würde, wenn sie ihn fragte, nicht ertragen konnte. Sie hatte es vorgezogen, nichts zu wissen, zu leugnen und so zugestimmt, stillschweigend ihr Einverständnis gegeben, mitgemacht.

Sieben Tage. Sie weiß, daß sie ihren Sohn nie mehr wiedersehen wird. Sie wird Hagar nie mehr wiedersehen. Sie wird Ismael nie mehr wiedersehen. Sie wird ihre Familie in Ur in Chaldäa nie mehr wiedersehen, auch

nicht Lots Frau, die zu einem Felsen wurde und nun auf dem steilen Kliff über Sodom abbröckelt. Das Lachen eines Gottes ist ein heimtückisches Lachen.
Dann wiederum brennt in ihr das Wissen, daß Gott, ihr, Sarahs und Abrahams Gott, ihr ungezähmter Gott der Wüste, ihr Gott, der nicht eingeschlossen noch an einen Ort gebunden ist, ihr Gott, der umherzieht, ihr Gott, der ein Gott ohne Namen ist, ihr Gott, der in den Höhen wohnt, El Shaddai, der Allmächtige, der Gott, der mit den Menschen lacht, nicht den Tod von Kindern fordert und kleine Jungen in ihrer Freude und Begeisterung nicht täuscht und betrügt. Ihr Gott, der Opfer, Brandopfer und Opfertiere nicht sehr schätzt, der zufrieden ist mit Brot und Wein und der sie neckt im Schatten einer Terebinthe, dieser Gott, der mit ihnen in die Wüste zog, würde niemals so handeln. Und wenn das wahr ist, und sie weiß, daß es so ist, dann ist Abraham nicht nur im Unrecht, dann ist er ein Ungeheuer. Er hat Gott nach seinem eigenen verrückten Bildnis neu geformt, und sie hatte es nicht bemerkt. Aber auch sie selbst war zu einem Ungeheuer geworden, hatte Hagar hinaus in die Wüste zum Sterben geschickt und versucht, sich zu entschuldigen, sich zu rechtfertigen.
Was hatten sie beide eigentlich gewollt? Sie hatten ihren Gott in ein Ungeheuer verwandeln wollen, so daß nichts, gar nichts ihre Schuld sein würde; ein Gott, der ihnen erschienen, der mit ihnen gezogen war, mit ihnen gegessen und gelacht hatte, hatte ihnen nicht gereicht. Sie erinnerte sich an die schrecklichen Götter ihrer Kindheit, blutrünstige Götter, die den Regen zurückhielten oder Wassermassen nur gegen einen hohen Preis schickten, der mit Tod und Elend bezahlt wurde. Sie hatte begriffen, daß sie jene Götter noch nicht hinter sich gelassen hatten. Sie wollten einen ebenso gewaltigen und tyrannischen Gott, nicht einen

Gott der Freien, sondern der Sklaven; denn die Sklaven waren unschuldig, sie trugen keine Verantwortung, sie waren nicht Erben, sondern Eigentum. Sie hatten ihren Gott gezähmt, weil sie selbst zahm sein wollten und die Ansprüche eines Gottes, der Freiheit und Freundschaft liebte, nicht ertragen konnten.

So konnte Abraham glauben, daß Gott von ihm verlangte, er solle seinen Sohn nehmen, seinen einzigen Sohn, und ihn als Opfer darbringen; daß Gott einen Mann, der seinen eigenen Sohn töten würde, um künftigen persönlichen Gewinn zu haben, wie seinen Sohn behandeln würde. So konnte sie sich selbst einreden, daß ihr lachender Gott es gerne sähe, wenn Ismael in der Wüste sterben würde. Ihnen war ein Geschenk dargeboten worden, und sie waren nicht stark genug gewesen, es anzunehmen.

Weil sie all dies wußte, weinte sie. Sie weinte bitterlich, vergaß alles Lachen. Tief im Innern der Tränen war ein schrecklicher Zorn, ein Zorn des Kummers und des Verlusts, ein Zorn der Verzweiflung. Und die ganze Woche über blieb sie in ihrem Zelt und trauerte um das Kind, das sie nicht wiedersehen würde; um den Mann, der zu einem Ungeheuer geworden war, das seinen eigenen Sohn täuschte, indem er ihn durch die goldene Morgendämmerung hinausführte, als wäre es ein Spiel, um ihm dann auf einem hohen Berg den Hals aufzuschlitzen; der glaubte, daß sein Gott an einer solchen Grausamkeit Gefallen finden würde. Dabei trauerte sie auch um die Frau, die eine so gute und gehorsame Ehefrau geworden war, daß sie ihren Mann diese Greueltaten durchführen ließ, die sich, ohne es zu merken, in eine Frau verwandelt hatte, welche dazu fähig war.

Sie weinte. Sie weinte aus Kummer und Zorn. Sie schwor einen Eid, nie wieder mit Abraham zu sprechen. Zwischen ihnen kann kein Einvernehmen mehr bestehen, weil er etwas genommen hatte, was ihm nicht gehörte. Das Kind war ihr Kind, und kein Mensch, kein Gott hat das Recht, das Leben eines Kindes ohne Wissen der Mutter zu fordern.

Am Abend des siebten Tages setzt sie sich, immer noch weinend, an den Zelteingang, um sich von der Abendsonne wärmen zu lassen. Die Luft ist golden vom langen, heißen Tag; die Bäume rings um das Wasserloch werfen lange blaue Schatten über das grüne Gras. Sie kann die in Reihen aufgestellten Zelte sehen; sie kann die Schafe hören, die für die Nacht in den Gehegen zusammengepfercht sind. Sie kann die leise Spannung fühlen, die sich durch ihr eigenartiges Benehmen im ganzen Lager ausgebreitet hat. Die Kamele und die Gefangenen von vielen Überfällen und Streifzügen gehen ruhig ihrer Arbeit nach. Die jungen Männer und Mädchen sitzen, nachdem sie ihre Arbeit getan haben, um ein Feuer herum und singen, Frauen stillen ihre Babys und wiegen ihre Kinder in den Schlaf. Der Fluß, der vom Wasserloch aus hinabfließt, windet sich durch die grüne Ebene, macht eine Biegung um einen niedrigen Hügel und verschwindet nach Süden in einem Tal. Es ist ein wunderschöner Ort, ein Ort der Erholung und des Trostes, der ihnen in den vielen Jahren des Herumziehens zugefallen ist. Für sie bedeutet er weder Erholung noch Trost.

Am Fuß des kleinen Hügels erscheint ein alter Mann mit einem Esel, zwei jungen Männern und einem Jungen. Sie ziehen ohne große Lasten voran, mit dem weiten, ruhigen Schritt von Menschen, die es gewöhnt sind, in unwegsamem Gelände unterwegs zu sein.

Isaak. Isaak. Ihr Herz singt. Die Lagerhunde, die eigentlich schon früher zur Warnung hätten bellen sollen, schlagen an. Sie erhebt sich, ungläubig, Freude steigt in ihr hoch. Sie erhebt sich. Sie reißt ihre Arme weit auf.

»Isaak«, ruft sie ihrem Sohn zu, »Isaak!« Er ist acht Jahre alt, kräftig, von der Farbe getrockneten Grases und zäh wie eine Ziege. Mit einem Ruck löst er sich aus der Hand seines Vaters und rennt los – er rennt auf sie zu, und sie wartet auf ihn, lächelnd, wieder so jung wie die anderen Frauen im Lager; eine Mutter wie alle anderen trotz der langen und beschwerlichen Jahre des Wartens.

»Isaak«, ruft sie. »Komm, mein Lachen!« Er ist das Kind, das sie in ihrem und Gottes Lachen empfangen hatte. Er läuft den Flußhang hinauf, zwischen den Bäumen hindurch, er läuft auf ihre wartenden Arme zu. Und dann, fast in Reichweite, weicht er aus, bleibt stehen, ganz außer Atem und schaut sie mit wilden Augen an, mit Augen, die ein schreckliches Wissen in sich bergen, Augen voller Spott und Hohn, aus einer solch tiefen Angst, wie sie kein Kind erfahren sollte.

»Shalom. Der Segen von El Shaddai sei mit dir, Mutter«, sagt er förmlich, sobald er wieder Atem holen kann; und danach läuft er wie ein ungezähmtes Fohlen hüpfend und springend durch das Gras bis zur Spitze des kleinen Hügels, wo er sich vom Lager wegdreht, seine Arme so weit ausbreitet, wie sie vorher ihre ausgebreitet hatte, und ein rauhes, sich über das Lager hin ausbreitendes Lachen lacht. Weit entfernt. Unerreichbar.

In Würde, aber im Nachhall dieses trotzigen Lachens schreitet Abraham durch das Lager und bleibt vor ihr stehen.

»Was ist geschehen?« fragte sie kurz angebunden. »Was ist geschehen?«

Er wollte ihrem Blick ausweichen. Seine Augen starrten unverwandt auf eine Stelle hinter ihrer linken Schulter. Sie sah, daß er zufrieden und selbstgefällig aussah. Er hörte sich überheblich an.

»El Shaddai, der Allmächtige, hat mir einen großen

Segen erteilt, eine große Verheißung gegeben, eine Belohnung für meinen großen Glauben.«
Sie schaute ihn schweigend an. Das war ihm zu wenig; er wollte unbedingt, daß sie ihm gratulierte, ihn umarmte, seinen Mut und seine Festigkeit bewunderte.
»Sarah«, sagte er, »unser Gott hat uns gesegnet.«
»Dein Gott, nicht meiner«, sagte sie, verneigte sich förmlich, drehte sich um und ging ins Zelt.
Danach sprach sie nie mehr mit ihm. Sie lebte in Kirjat-Arba in Hebron, und er wohnte in Beer-Sheba. Das geschah nicht, weil sie ihm oder auch sich selbst nicht verzeihen konnte. Es geschah, weil sie einem Mann nichts mehr zu sagen hatte, der glaubte, Gott hätte ihn gesegnet für seine Bereitwilligkeit, ihr Kind zu töten.
Sarah ist jetzt alt, alt und sehr müde. Sie ist sich nicht immer ganz sicher in dem, was sie sich ausdenkt, an was sie sich erinnert und was das Ganze alles sollte. Aber sie weiß mit unbeirrbarer Sicherheit, daß Tränen und Lachen zusammengehören. Sie wünscht sich, daß Isaak sich eine Frau nimmt, so daß sie eine Schwiegertochter hat. Sie weiß auch, daß er das nicht tun wird, solange sie lebt. Sie hätte aber gerne eine Schwiegertochter, um sie zu warnen, ihr alles zu erklären, ihr alles zu erzählen. Manchmal bedauert sie es sogar, daß Abraham nicht mehr bei ihr ist, um ihr zu helfen, sich zu erinnern, um ihr zu helfen, Neues zu denken und beide an ihren Mut, an ihr Versagen und an den unzähmbaren, unsagbaren Gott zu erinnern, dem sie in der Wüste begegneten, der Gott, der umherzieht, El Shaddai, der Allmächtige. Aber es ist zu spät, um jetzt daran noch etwas zu ändern.
Das möchte sie sagen: Du verstehst nicht, und dennoch lachst du. Du verstehst nicht, und deshalb lachst du. Du wirst die Mutter vieler Geschlechter sein: Werden diese in Kummer und Schmerz und dem Sterben

ihrer Kinder, werden sie in ihrem eigenen Vergehen nicht vergessen zu lachen?
Das hofft sie.
Das möchte sie sagen: Du verstehst nicht, und dennoch weinst du. Du verstehst nicht, und deshalb weinst du. Du wirst die Mutter vieler Geschlechter sein: Werden diese, wenn sie ihre Kinder im Sonnenschein durch den Garten beim Fluß laufen sehen, viel zu quirlig, um sie festzuhalten, lebendig, ihnen geschenkt, nicht vergessen zu weinen?
Das hofft sie.
Sarah ist alt, alt und sehr müde. Ihre Gedanken schweifen umher, manchmal lacht sie, und manchmal weint sie, und sie weiß nicht, wieso und warum. Ihre Gedanken schweifen umher, quer durch ihr ganzes, langes Leben, und sie strengt sich an, daraus eine Geschichte zu machen: die Geschichte ihres Lebens, die Geschichte von Sarah.

Frauen der Passion

Mutter der Freiheit

Am ersten Tag der Woche zogen sie in Jerusalem ein. Ein lärmender Einzug, verrückt und ausgelassen.

»Voll Freude war ich, als sie mir sagten:
Wir ziehen zum Hause des Herrn,
dem Gott meiner Freude und Fröhlichkeit«,

so hatten sie gesungen, als sie die lange Straße hinaufzogen,

»und schon stehen meine Füße
in deinen Mauern, o Jerusalem.«

Angesteckt von ihrer Begeisterung, begann auch die Menschenmenge zu singen, während sie auf ihrem Weg zum Tempel waren.

»Gesegnet, der da kommt im Namen des Herrn,
Hosanna in der Höhe,
Hosanna dem Sohne Davids.«

Am zweiten Tag der Woche war Maria erschöpft und in Bethanien bei ihren alten Freundinnen Martha und Maria geblieben. Als jedoch ihr Sohn und seine Leute bei Sonnenuntergang zurückkehrten, spürte sie augenblicklich die Spannung. Einige von ihnen waren völlig aufgedreht. Der junge Simon, den sie den Zeloten nannten, weil er einmal ein fanatischer Nationalist gewesen war, hatte vor Begeisterung strahlende Augen. Petrus aber schaute finster drein. Sie war nicht überrascht, als er sie beiseite nahm. Sie gingen zusammen hinaus zu den Feldern, und er sagte: »Mutter, kannst du ihn nicht aufhalten?«
»Was ist passiert?«
»Passiert? Es gab beinahe einen Aufstand. In Jerusa-

lem wimmelt es von Römern. Die Pharisäer haben ihn noch nie gemocht, und jetzt hat er die ganze Tempelbehörde gegen sich aufgebracht. Er, er hat richtig gewütet und Leid und Untergang auf den Tempel herabgerufen. Übertünchte Gräber und Räuberhöhlen, das Ganze hier.«
»Aber die Priester – die sind doch auch korrupt, oder? Trotzdem, ich kann da nichts machen. Was er im Tempel treibt, ist seine Sache. Das hat er schon deutlich gemacht, als er zwölf war.«
Petrus schaute sie an, müde, verärgert, und sagte: »Söhne von Müttern wie du gehen wohl nicht den einfachsten Weg?« Dann, nach einer Pause: »Mutter, sie werden ihn vielleicht töten.«
»Das ist möglich«, sagte sie ruhig.
Aber als er wütend auf sie herabblickte, sah er tief in ihren leuchtenden, alten Augen Tränen, zu bitter, um vergossen zu werden; und statt sie anzufahren, nahm er sie in seine Arme, und sie hielten sich aneinander fest und trösteten, ermutigten und stützten sich gegenseitig in ihrem Schmerz.
Am dritten Tag der Woche zog Maria mit ihnen nach Jerusalem. Petrus hatte recht gehabt, dort gärte es. Auf den Straßen war die Hölle los und an jeder Ecke standen römische Soldaten, nervös und finster. Ein Hauptmann in voller Rüstung erzwang sich seinen Weg durch eine enge Gasse, indem er seine Peitsche nicht gegen das Pferd, sondern gegen die Menschen einsetzte. Der junge Simon – er wußte, daß sie seine Empörung teilen würde – flüsterte ihr zu: »Als ob wir Sklaven wären!« Maria nahm seine Hand und summte ein paar Takte einer Melodie. Es war der Anfang des Liedes der Prophetin Miriam, das große alte Lied von Freiheit und Sieg, das ihre Vorfahren bei ihrem Auszug aus Ägypten, dem Land der Sklaverei, gelernt und das sie seither in der Hoffnung auf Freiheit gesungen

hatten. Simon erkannte die Melodie sofort. Er grinste sie an, und mit seiner freien Hand schlug er ein unsichtbares Tamburin und murmelte die Anfangsworte:

»Singt dem Herrn, herrlich ist sein Ruhm;
Roß und Reiter warf er ins Meer.«

Lachend eilten sie, so gut sie konnten, durch die Menge und holten die anderen ein, bevor sie den Tempel erreichten.
Den ganzen Tag über saß Maria im äußeren Tempelhof und hörte zu, wie ihr Sohn predigte. Manchmal hörte sie ganz genau zu und war voller Stolz. Jerusalem war seine Stadt. Er war an seinem Platz angekommen. Das Passahfest war seine Zeit, und er war zum richtigen Zeitpunkt angekommen. Sie hörte einen neuen Unterton in seiner Stimme, und in seinen Worten erkannte sie all die Motive der alten Lieder wieder, die sie, als er noch klein war, zuhause gesungen hatte: die Lieder von Hanna und Deborah, die Lieder von Miriam und den anderen Frauen Israels.
Ihr gefiel es, wie er sprach und was er anprangerte und verurteilte:

»Wehe euch, Schriftgelehrte und Pharisäer, ihr Heuchler! Denn ihr verlangt den Zehnten von Minze und Dill und Kümmel, aber das Wichtigste im Gesetz schiebt ihr beiseite: die Gerechtigkeit und das Erbarmen und die Treue. Blinde Führer, die ihr nach Mücken jagt, das Kamel aber verschluckt.«

Sie lachte mit den übrigen Zuhörern über dieses Bild, aber sie spürte auch den Schmerz über die Kräutersteuer und vernahm das Geschwätz der Tempeldiener, die die Armen anschnauzten und gleichzeitig die Steuereintreiber verfluchten, die für die Römer arbeiteten. Plötzlich war die Frage beantwortet, die sie seit

seiner Geburt nicht mehr losgelassen hatte. »Warum ich?« hatte sie sich gefragt, und jetzt, an diesem überfüllten Ort, wußte sie es – ein Leben in Gebet macht vielleicht demütig, aber es macht nicht dumm. Sie war anders als andere Menschen. Viele Frauen hätten ihm die Freiheitslieder beibringen können, aber nicht viele hätten ihm so wie sie durch diese Lieder zeigen können, daß Hoffnung und Mut und Wahrheit zusammengehören und man das eine nicht ohne die beiden anderen haben kann. Das hatte er lernen müssen, und darum war sie erwählt worden. »Alle Geschlechter«, sagte sie zu sich, »werden mich gesegnet nennen, denn Gott, der mächtig ist, hat mich erhöht.«
Manchmal hörte sie nur ungenau zu, den Rhythmus seiner Stimme mit den Erinnerungen ihres Herzens in Einklang bringend. Er machte es den Menschen keineswegs leicht. Sie konnte die tiefe Trauer, die Sehnsucht in seiner Stimme hören:

»Jerusalem! Jerusalem! Du tötest die Propheten und steinigst die, die zu dir gesandt sind. Wie oft habe ich deine Kinder sammeln wollen, wie eine Henne ihre Küchlein unter ihre Flügel sammelt, und ihr habt nicht gewollt! Seht, euer Haus ist verlassen und verödet.«

Sie war ein wenig neidisch. Elisabeth war rechtzeitig gestorben und würdig bestattet worden, bevor das Haupt ihres Sohnes von dieser Dirne auf einer Silberschüssel in der Halle von Herodes' Palast herumgetragen wurde. Sie würde nicht so viel Glück haben. Sie erinnerte sich auch an ihre Begegnung mit jenem sonderbaren, rauhen und reinen jungen Mann, Johannes. Vor seiner Geburt hatte sie sich aufgemacht, um seine Mutter, ihre Cousine Elisabeth, zu besuchen; sie fühlte sich von einem Bedürfnis, das größer war, als sie es jetzt beschreiben konnte, dorthin getrieben, von dem

Bedürfnis, eine Freundin zu finden, die ihr und ihrer Schwangerschaft, die ihr Angst machte, vollen Glauben schenken würde. Elisabeth hatte sie in ihre Arme genommen, hatte sie ermutigt und innerlich frei gemacht, und sie hatte das Baby im Bauch ihrer Cousine gespürt, das wie ein wild flatternder Schmetterling trommelte. In den Armen ihrer Freundin mit dem klopfenden Baby hatte sie ihr Kind noch einmal empfangen. Damals hatte sie ihr großes Liebeslied von Lobpreis, Macht und Sieg gesungen.

Sie kam wieder zu sich und bemerkte, wie sie im Tempel umherschaute und sich das Lied des alten Simeon ins Gedächtnis zurückrief. Genau hier, im Tempel, vor über dreißig Jahren, als sie ihr Baby zur Beschneidung hergebracht hatte, hatte Simeon ihr gesagt, daß ihr Kind bestimmt sei, Licht zu sein, das die Heiden erleuchtet, und der Ruhm des Volkes Gottes. »Dein Kind«, hatte er gesungen, »ist dazu bestimmt, daß viele in Israel durch ihn zu Fall kommen und viele durch ihn aufgerichtet werden.« Er hatte sie auch gewarnt in seinem Lied: »Und ein Schwert wird dein Herz durchdringen, Mutter.« Es stimmte, aber was machte das schon! Das ist es wert, dachte sie, während sie ihren Sohn betrachtete und sich an die letzten glücklichen Jahre erinnerte, als sie erkannt hatte, wie ihr Lebenswerk in seinen furchtlosen Ansichten und ihrem ungetrübten Zusammensein Frucht trug. Er hatte gelernt, was sie ihm beizubringen versucht hatte: daß es die Armen, die Kranken, die Schwachen, die Kinder waren, auf die es ankam, die Ruhm und Verheißung bedeuteten. Nun verkündete er Gottes starke und besondere Liebe zu ihnen.

Was für ein guter Junge!, dachte sie und ärgerte sich sogleich ein wenig, weil es so herablassend klang. Sie versank in friedlicher Betrachtung und lächelte dabei über ihre Erinnerungen. »Dinge aufbewahren« nann-

ten es die anderen, wenn sie sich, in Gedanken versunken, nach innen kehrte. Sie selbst nannte es Herzensgebet, aber sie waren ja noch sehr jung.
Dennoch war sie froh, als Johannes kam und sie aus ihrem Dösen aufweckte. Ihr war heiß, und sie war durstig und müde. Er legte seinen Arm um sie, und sie machten sich auf den Weg heraus aus Jerusalem.
»Komm, Mutter«, sagte er, als sie vor den Toren waren. »Auf dem Berg da oben finden wir ein bißchen Ruhe und Frieden.«
»Du sollst mich nicht so umsorgen«, antwortete sie, lehnte sich jedoch noch stärker an ihn, weil sie wußte, daß er es brauchte, sich um sie zu kümmern.
Sie fühlte mit ihnen allen. Johannes war müde, das konnte sie sehen. Sie alle waren müde und unruhig. Überdreht wie Kinder, ängstlich, unsicher. Sie würde dem nicht nachgeben, obwohl sie selbst auch müde war. Sie ließen sich im trockenen Gras unter den Olivenbäumen nieder. Der leichte Wind erinnerte sie wohl an den Norden und an die Berge, die sie fröhlich durchstreift hatten. Die Spannung, verbunden mit Müdigkeit, wandelte sich in Trübsinn. Petrus stierte vor sich hin, Judas war mürrisch. Thomas übernervös, und Philippus' Nachdenklichkeit schlug um in Angst.
»Maria«, sagte ihr Sohn, der einzige von ihnen, der sie nie Mutter nannte, »Maria, bitte sing für uns!«
Sie mußte an die traurigen Lieder ihrer Heimat im Norden denken, an die Lieder eines Volkes, das besiegt, erobert, unterdrückt worden war, das die Erinnerung daran hochhielt und seinen Glauben zu bewahren suchte; und an die Lieder des Exils, die ihr Volk von seinem langen Aufenthalt in Babylon mitgebracht hatte. Sie sah die verschwitzten, ängstlichen Gesichter und ihre eigene Angst vor dem, was kommen würde. Sie wußte, was sie jetzt tun konnte. Und obwohl sie ihre Erschöpfung wie eine schwere Last

auf ihren Schultern fühlte, hockte sie sich auf ihre Füße, richtete ihren Rücken gerade auf und sang ihr eigenes Lied:

»Preise, meine Seele, die Größe des Herrn!
Unzählige Wohltaten verleihen meinem Odem
Ausdruck,
Offenbaren mir die Verheißung seines Wortes.
In Gott, meinem Retter, soll mein Herz frohlocken.
Preise, meine Seele, die Größe seiner Kraft!
Mächte und Gewalten erweisen ihm ihre Ehre.
Hochmütige und Starrsinnige werden in die Flucht
geschlagen,
Die Hungrigen gespeist, die Niedrigen erhöht.«

Eine überraschend kräftige und klare Stimme mit einer sonoren Klangfarbe, die schon starke Männer zu Tränen gerührt hatte. Als sie sang, wurden ihre Lebensgeister wieder aufgerichtet, Hoffnung strömte in ihre Adern. In ihren Herzen konnten sie wieder glauben, daß die Mächtigen vom Thron gestürzt, die Niedrigen aber erhöht wurden. In ihrer Phantasie wurden die Hungrigen gesättigt, die Stolzen zerschlagen und die Sklaven befreit. Pferd und Krieger wurden ins Meer geworfen, und die Frauen zogen singend und tanzend mit Tamburins hinaus. Schwerter wurden zu Pflugscharen geschmolzen und Speere zu Sicheln. Gott wurde gepriesen, die Wüstenstätten erblühten wie eine Rose, und die Kinder des Bundes sahen das verheißene Land, die leuchtende Stadt, das Neue Jerusalem, das wie eine Braut hervortrat, um ihren Bräutigam zu begrüßen.
Als sie ihr Lied beendet hatte, trat eine Stille ein, die Bewunderung und Liebe ausdrückte. Dann begann er wieder zu lehren, leidenschaftlich und eindringlich. Maria ließ sich zwischen Schlafen und Wachen dahintreiben. Sie hörte ihn sehr gerne reden, und heute re-

dete er gut. Sie wußte, daß sie besser zuhören sollte, weil es das letzte Mal sein konnte.
Es gab nur eine Kleinigkeit, der sie nicht zustimmte: als er nämlich vom Ende der Zeit sprach und vom Menschensohn, der auf den Wolken des Himmels wiederkehrt mit Macht und großer Herrlichkeit, Thronen und Engeln und Trompeten und Prunk. Sie hatten doch seine Ankunft erlebt, und es konnte keine größere Herrlichkeit geben – sie und die Hirtenkinder oben vom Berg, die ihn, den Neugeborenen, in einer Krippe schlafend gesehen hatten, weil in der Herberge kein Platz für sie gewesen war. Das Wort war Fleisch geworden und hatte unter ihnen gewohnt, voll Gnade und Wahrheit. Sie hatte seine Herrlichkeit gesehen, die Herrlichkeit des einzigen Sohnes aus dem Vater; und aus seiner Fülle hatte sie Gnade über Gnade empfangen.
Erleichtert darüber, daß es noch etwas gab, das er lernen mußte, fiel sie glücklich in einen tiefen Schlaf – dort am Berghang inmitten ihrer Familie, die sich um sie versammelt hatte.

Markttag

»So eine Frechheit!« rief sie laut aus, als sie durch die Tür hereinstürmte, »du kannst dir diese Frechheit überhaupt nicht vorstellen.« Er würde sich aufregen, sie wußte, er würde sich aufregen. Vierundzwanzig Tauben einfach weg und nicht einen Pfennig zum Vorzeigen. Es war nicht ihre Schuld. Sie war laut, weil sie nervös war. Die Leute hielten sie für eine laute Frau, wußten aber nichts von ihrer nervösen Ader.

»Du kannst dir diese Frechheit überhaupt nicht vorstellen!«

Es war trotzdem eine gute Geschichte, und sie wollte sie ihm erzählen.

Es kam keine Antwort.

Die Aufregung des Tages ließ nach. Er würde nicht verstehen, wie es gewesen war. Er würde sich aufregen, und es war doch nicht ihre Schuld. Sie war immer noch etwas außer Atem, weil sie die Käfige durch die überfüllten Straßen getragen hatte.

Er war wohl draußen, hinten bei seinen Tauben und gurrte mit ihnen, während sie bei der Arbeit gewesen war. Sie war müde. Gerade jetzt war die geschäftigste Zeit des Jahres. Die Stadt war wegen des Passahfestes voll mit Pilgern, darunter viele von ihnen, die opfern mußten, darum blühte das Geschäft; das Wetter war nicht zu heiß, sondern sonnig und heiter. Und ihre Tauben waren ausgezeichnet, das machte er einfach gut, auch wenn das alles war, was er tat.

Sie warf die leeren Käfige auf den Boden und ging ums Haus.

»Joël, Joël!«

Es kam immer noch keine Antwort, aber das hatte nicht allzuviel zu bedeuten, wie gewöhnlich schwätz-

te er mit seinen Vögeln, ohne auch nur einen Gedanken an sie zu verschwenden.
»Was für ein Tag!« sagte sie und flehte ihn dabei nahezu an, sich umzudrehen, sie zu beachten, etwas zu sagen, irgend etwas. Ohne Erfolg.
»Denk bloß nicht«, sagte sie, »denk bloß nicht, ich habe sie alle verkauft, so ein Glück hatte ich nicht, nicht heute.« Dann fügte sie schnell hinzu, noch immer nervös: »Aber es war nicht meine Schuld. Wart's ab, bis du alles weißt.«
Als er nicht reagierte, fuhr sie fort: »Nicht daß ich es so schlecht angestellt hätte. Du hast noch nie solche Menschenmassen gesehen. Gott und die Welt waren heute im Tempel. Und der Preis war hoch, zu hoch, wenn ich ehrlich sein soll. Ich meine, ich weiß schon, das Gesetz sagt, man muß ein Opfer bringen, und irgendwie ist das auch gut so, nicht wahr – ein Taubenpaar für ein neugeborenes Baby. Gibt einem schon ein besonderes Gefühl, nicht wahr? Aber ich sag ja immer, ein Glück, daß wir nicht die heutigen Preise zahlen mußten, als unsere Kinder geboren wurden. Ich meine, es ist zu viel, wenn man das muß. Es ist gut fürs Geschäft, auch noch nach dem Geldumtausch, aber trotzdem ist es ein sündhafter Preis für eine Frau, die das zahlen muß. Also, wenn ich Priester wäre, würde ich es anders regeln, auf der Stelle. Die meisten Frauen würden das tun, wenn sie dürften.«
Ihren Mann rührte das nicht. Er machte die Vogelkäfige zu und ging schweigsam und mit festem Schritt ins Haus hinein. Er sah die leeren Käfige auf dem Boden und wollte seine Frau schon forschend anschauen. Doch sie kam ihm zuvor.
»Genau das habe ich ja versucht, dir zu erzählen. Du kannst dir die Frechheit von diesem Mann nicht vorstellen. Und dabei ist er nur so ein Bauernlümmel aus dem Norden, mit einem Akzent, der einem die Schuhe

ziemlich ruhig waren, konnte man sehen, daß die Menge es nicht war, und draußen waren überall Römer. Mußte lachen, wie ich die sah, alle in Reih und Glied aufgestellt in der ganzen Stadt und nervös wie Katzen auf einem heißen Dach.

Nun, er stand einfach da und schaute umher. Da kam so eine Frau an mit ihrem Baby. Ich war ganz nah, und man konnte sehen, daß mit dem Kleinen etwas nicht in Ordnung war – verbrannt oder so, an einer Seite bis runter, armes kleines Würmchen. Keine zwei Jahre alt, schätz ich mal, und schon mit diesen schrecklichen Verbrennungen übers ganze Gesicht und seinen schwachen Ärmchen. Jedenfalls kam seine Mama zu ihm hin und sagte etwas, und er drehte sich um, und er berührte bloß das Baby. Ich schwöre, er berührte es bloß, sonst nichts und dann ... Joël, ich hätte es nicht geglaubt, wenn ich es nicht mit meinen eigenen Augen gesehen hätte. Sie stand mit ihrem Rücken zu mir, die Mutter, keine zehn Sekunden lang, und dann, als sie sich umdreht, lacht sie, und das Baby lachte, und, Joël, da war keine Verbrennung mehr an ihm, nicht ein Fleck.

Nun, das kannst du dir ja vorstellen. Die Menge versammelte sich drumrum, und ich konnte wirklich nicht mehr so gut sehen, aber da waren Leute, die schrien laut heraus, daß sie blind gewesen waren und jetzt sehen konnten und all solches Zeug, und dann waren da eine Menge Kinder, und die sangen irgendwas über König David, aber man konnte die Worte in dem ganzen Getöse nicht hören, ich weiß auch nicht.

Na ja, ich blieb bei den Käfigen, weil ich Angst hatte, es könnte einen kleinen Krawall geben oder so, alle waren dermaßen aufgedreht.

Was geschah als nächstes? Ach ja, als nächstes kommt ein Haufen Schriftgelehrter und Priester daher, alle zusammen und schauen gar nicht besonders glücklich

drein wegen der ganzen Sache hier; man kann auch nicht behaupten, daß die Menge sonderlich begeistert war, sie zu sehen, diese Spielverderber, aber immerhin wurde es etwas ruhiger, wie man's auch erwarten würde, und dann dieser kleine Junge, keine zehn Jahre alt, schätz ich mal, der wohl nicht kapiert hatte, daß die großen Meister dahergekommen waren – er rief laut, frech wie Oskar: ›Hosanna, dem Sohne Davids!‹ Wie eine Glocke war das. Naja, er war nur ein kleiner Kerl, man hätte ihm nicht gleich eine verpassen müssen, geschweige denn ihn niederschlagen müssen.
Dann sagt einer von den Priestern zu diesem Propheten, laut und deutlich, so daß jedermann es hören konnte, daß das völlig daneben wäre und wenn er hören könnte, was die Kinder sagten, warum er sie denn nicht zum Schweigen brächte. Und weißt du, was dieser Bursche macht? Na, erst beugt er sich runter, hilft dem kleinen Räuber wieder auf die Füße, klopft ihn ganz lieb ab, und dann zeigt er bloß dieses breite Grinsen, als wolle er sie ärgern, und er sagt, o ja, er könne sehr wohl hören, aber er mache sich Sorgen, was denn bloß mit den Priesterschulen los sei, daß sie nicht die alten Schriftstellen lehren wie ›Aus den Mündern von Unmündigen und Säuglingen hast du dir Lob bereitet‹. Ich war nicht sicher, ob er den Jungen oder das Baby meinte, welches er geheilt hatte. Jedenfalls lachten wir alle, und die Priester sahen echt angeschmiert aus.
Und dann war es plötzlich, als würde er seine Beherrschung verlieren. Jemand zog gerade mit einer von diesen großen Schüsseln vorbei, weißt du, einem dieser Gefäße, die sie da für die Opferungen benutzen. Und er entreißt sie ihm und sagt etwas, das ich nicht ganz mitkriegen konnte, und dann zertrümmerte er das Ding einfach auf dem Boden. Krach, bumm! Und diese Bande von piekfeinen Tempelleuten steht bloß

ganzen Menge freigemacht hatte und ich nach ihnen schnappen wollte, naja, da flogen sie einfach davon, sie flogen einfach davon, alle miteinander. Es war nicht meine Schuld, Joël, sie flogen einfach davon. Ich konnte sie sehen, mit ihren ausgebreiteten weißen Flügeln. Sie stiegen hoch, hoch hinauf und im Kreis. Zuerst waren sie ein weißer Fleck über der Menge in Richtung der Tempelhofmauer, dann drehten sie eine Runde, alle eng zusammen, weiß abgehoben von den Türmen. Und über dem Allerheiligsten weiß im Kontrast zu jenen großen roten Steinen vom inneren Tempel. Dann flogen sie immer höher, ganz weiß und golden gegen den blauen Himmel. Ich stand bloß da und schaute zu. Immer im Kreis flogen sie, strahlend weiß, abgehoben von den roten Steinen, auch von dem großen Turm und dann alle strahlend weiß und golden gegen den Himmel, wie eine glückliche Wolke.
So eine Frechheit von diesem Kerl da! Welche Art Propheten würden so was tun?«
Joël stand auf und trat auf sie zu. Sie bekam beinahe einen Schreck, aber er hob schwerfällig seine Hand und legte sie auf ihre Schulter.
»Na, altes Mädchen«, sagte er, »nimm's doch nicht so schwer!« Es trat eine Pause ein, und diesmal wartete sie. »Den letzten Teil, wo du geschildert hast, wie diese ollen Vögel so flogen, hast du wirklich wunderschön erzählt, ich hab' sie richtig sehen können. Es ist recht so, es ist besser, sie sind frei und können so fliegen.«

Marthas Liste

Ein Lamm – es würde das Zicklein sein müssen, was ihr überhaupt nicht paßte. Sie hatte gehofft, es großzuziehen, sie brauchte einen neuen Ziegenbock. Aber ein Lammweibchen würde für sie alle nicht ausreichen. Es würde schon helfen, wenn er ihr nur sagen könnte, wieviel sie sein würden.
Kräuter.
Eine große Bratenschüssel.
Ein Tuch zum Einwickeln. Pfeif auf die Vorschriften, sie machte die großen, flachen Fladen von ungesäuertem Brot hier in ihrem eigenen Ofen, und wenn sie es nicht mochten, sollten sie es bleiben lassen; aber sie müßte noch einige Tücher waschen, worin sie das Brot einwickeln wollte.
Waschschüsseln.
Handtücher.
Wein.
Segensbecher.
Ysop.
Wenn Martha müde wurde, wurde sie mißmutig. Um ehrlich zu sein, sie wurde auch mißmutig, wenn sie nicht müde war. Aber besonders, wenn sie müde war. Sie war die meiste Zeit über müde, deshalb war sie die meiste Zeit über mißmutig, und es war nicht recht.
Er war ein arroganter, dummer Kerl.
Sie hörte wieder seine starke, klare Stimme, wie sie befahl: »Lazarus, komm heraus!« Und ihr lieber Bruder hatte ihm gehorcht und war aus dem Grab gekommen. Sie fühlte sich schuldig, und das machte sie noch mißmutiger. Es war nicht recht!
Geschirr.
Wassergefäße.

verblüfften Blick sah, fügte er hinzu: »Wir müssen, Martha, das ist es ja gerade. Sorge dafür, daß einer deiner reichen Freunde uns einen Raum überläßt.«
»Toll«, hatte sie sagen wollen, »dann führst du also wieder die Sache mit der Speisung der Fünftausend auf.« Vor ihr stand jedoch der Mann, der geweint hatte, als er hörte, daß ihr Bruder gestorben war; der Mann, der, als er im Norden unterwegs war, alles hatte stehen- und liegenlassen und hergekommen war und der, obwohl Lazarus schon vier Tage tot war (und in der Hitze würde sein Körper schlecht riechen), am Grabeingang gestanden und Lazarus herausgerufen hatte, weil er sie liebte. Er war ihr Freund, ihr liebster Freund. Sie sagte bloß: »Ich kann nicht. Es ist zu gefährlich.«
Da lächelte er nicht, er sprach: »Jetzt ist nichts zu gefährlich, Martha, nichts, außer, wenn man es nicht in Ordnung bringt.«
Sie hatte ihn fest umarmt, und als sie ihre Arme um ihn legte, bemerkte sie zum ersten Mal, daß er genauso ängstlich und beunruhigt war wie sie, wie sie alle. Darum hatte sie gesagt: »Also, mal seh'n, was ich tun kann. Aber du hättest es mir eher sagen sollen.«
»Oh«, meinte er, »mir ist es gerade erst eingefallen. Aber du schaffst es schon, nicht wahr?«
»Nein«, sagte sie gereizt, aber er grinste bloß.
Männer! Verfluchte Männer!
Öl. Sie hatte das Öl vergessen.
Öl.
Obst.
Und Brennstoff. Sie hatte nicht vor, Jerusalemer Preise für Holz zu zahlen, ganz bestimmt nicht; und sie wollte auch nicht ihre Freunde anbetteln. Sie würde es ihm heute abend sagen. Obwohl sie wahrscheinlich erst nach Mitternacht heimkommen würden. Saßen plaudernd in den Olivenhainen, während sie sich ihre

Finger bis auf die Knochen für das undankbare Pack abarbeitete. Sie würden schmutzig und müde und hungrig zurückkehren. Lärmend, überdreht. Angespannt. Würden essen wollen und daß man ihnen die Schultern massiert...

Nardensalbe.

Salbe zum Einreiben.

Linsen. Die mußten auch noch zum Einweichen aufgesetzt werden.

Wirklich, sie konnte es nicht alleine schaffen. Trotzdem schien es ihr nicht recht, jetzt Deborah zu fragen; sie hatte der jungen Magd schon versprochen, das Passahfest bei ihrer eigenen Familie zu verbringen. Morgen früh würden Deborah und sie feierlich und aufmerksam durchs Haus gehen und jedes Fach und jeden Winkel saubermachen und genau nachschauen, daß kein Sauerteig, nicht ein Krümel von gesäuertem Brot mehr zu finden war. Sie würde Deborah zeigen, wie die Arbeit richtig, das heißt nach der alten, rituellen, fröhlichen Art und Weise auszuführen war, und danach, das hatte sie Deborah versprochen, würde sie frei haben, um zu ihrer eigenen Familie zu gehen. Sie war so ein gutes Mädchen, sie hatte ihre freien Tage verdient. Martha hatte noch kein Wort der Klage von ihr gehört trotz der ganzen zusätzlichen Arbeit. Nein, sie würde Deborah ihre freien Tage nicht nehmen, zumal mindestens ein halbes Dutzend Frauen im Haus war, die auch helfen konnten.

Ihre Schwester würde sie aber nicht um Hilfe bitten.

Da! Da hatte sie den wunden Punkt getroffen.

Einmal hatte sie ihn gebeten, Maria auszurichten, sie solle ihr helfen. Maria hatte auf dem Boden gesessen, ihm zu Füßen mit schmachtendem Blick, während ein Dutzend hungriger Menschen ein Abendessen brauchte. Er hatte gesagt: »Martha, Martha, du machst dir zu viele Sorgen und Mühen. Nur eines ist notwen-

Er kletterte vom Heuhaufen herunter, auf dem er saß, und ging zu ihr.
»Oh Martha«, meinte er, »was würde ich ohne dich nur tun?« Er beugte sich nieder, um ihr einen Kuß zu geben, doch plötzlich konnte sie sich nicht mehr zurückhalten: Unter der schaumigen Wasseroberfläche formte sie ihre Hände zu einem Gefäß, und als sein Gesicht sich dem ihrem sanft näherte, schöpfte sie mit beiden Händen Wasser und platschte es ihm mitten ins Gesicht.
Eine Sekunde lang war er wie betäubt, sprachlos, es tröpfelte von Bart und Nase herab, und dann brachen beide in ein Lachen aus, umarmten sich so lange, bis die anderen herauskamen, um nachzusehen, was in aller Welt da los war. Als Maria die beiden so sah, schaute sie ziemlich entsetzt drein.
Viel später in dieser Nacht, als sie endlich ins Bett kam, ertappte Martha sich dabei, wie sie an eine andere Liste dachte:
Ich bin der Weg.
Ich bin die Wahrheit.
Ich bin gekommen, damit ihr Leben habt, Leben in Fülle.
Jeder, der an mich glaubt, wird niemals sterben.
Lazarus, komm heraus!
Martha, ich bin die Auferstehung und das Leben. Kannst du das glauben?
Aber das, was sie als letztes aufsagte, bevor sie einschlief, war keine Weisheit von ihm, sondern ihre eigene: »Oh ja, lieber Freund, ich glaube, daß du der Christus bist, der Sohn Gottes, der in die Welt kommt.«

Claudia Procula schreibt einen Brief

Meine liebe Prisca!
»Wie langweilig!«, wirst Du ohne Zweifel ausrufen, wenn Du schon wieder einen Brief von Deiner alten Freundin erhältst, aber glaub' mir, meine Liebe, Deine Langeweile ist gar nichts im Vergleich zu meiner, darum wirst Du Deine einfach ertragen müssen, schon um unserer glücklichen Kindheitstage willen. Damals hätte ich kaum gedacht, daß ich einmal mit einem langweiligen Mann auf irgendeinem Außenposten des Reiches enden würde und nichts anderes zu tun hätte, als meine ständig zunehmenden Falten zu bewundern und meine Freunde mit nichtssagenden Briefen zu langweilen.
Nichts hat sich geändert, seit ich Dir zuletzt geschrieben habe, was Dich nicht sehr überraschen wird, außer daß wir momentan nicht im Palast des Statthalters in Caesarea Philippi sind, sondern in Jerusalem selbst, das, wenn es überhaupt etwas zu sagen gibt, noch schlimmer ist – besonders, da wir hier wegen eines dieser ewigdauernden religiösen Feste sind.
Du kannst Dir keine Vorstellung von den Einheimischen hier machen. Man möchte meinen, daß einige von ihnen gerne die Früchte der Zivilisation genießen wollen – oder zumindest bereit sein sollten, einer so einflußreichen Dame wie mir die Zeit zu vertreiben. Von wegen! Sie sind alle furchtbar ernst und tief religiös, nüchtern, schweigsam und hassen uns mit einer tiefen und freudlosen Verbissenheit wie bockige Jungen, die nachmittags nicht raus dürfen; und am schlimmsten ist es an Festen wie diesem, wenn an-

fragst, wohl kaum mehr eine Rolle spielt, da er ja mittlerweile keine Aussicht mehr hat, den Statthalterposten von Syrien zu bekommen. Ist einfach mein Pech, mit dem römischen Statthalter verheiratet zu sein, der nicht nur für einen, sondern gleich für zwei der schlimmsten Aufstände dieses Jahrhunderts an diesem Zipfel des Mittelmeerraumes verantwortlich ist. Armes Schaf, man könnte fast mit ihm mitfühlen, wenn seine allgemeine Anbiederei und Kriecherei ihren Obrigkeiten gegenüber mein Leben nicht so schrecklich einschränken würde. Streng vertraulich, unter uns, diese Verrenkungen haben aus einem stattlichen römischen Mann schon fast eine Memme gemacht, aber wegen seiner Sensibilität gegenüber ihren ortsüblichen Bräuchen und Sitten muß die arme, kleine Claudia furchtbar diskret sein.
Ich höre mich abscheulich an. Es überrascht mich nicht, daß ich von Dir nicht öfter höre – weinerliches Selbstmitleid ist nicht gerade das, was eine interessante Briefpartnerin ausmacht, nicht wahr? Aber Prisca, ich kann's Dir gar nicht sagen. Es ist schon schlimm genug, irgendwo zu leben, wo nie etwas passiert, aber wenn du das in einer Atmosphäre voll trotzigem Haß erlebst, ist es unerträglich. Wenn ich nur daran denke, daß ich, als wir jung verheiratet waren, wirklich einmal geglaubt habe, er würde Geschichte machen, sein Name für alle Zeiten bekannt werden! Du darfst nicht vergessen, welch imposante Erscheinung er war. Und jetzt ist er auf eine eigennutzige Art und Weise ernst, langweilig und ängstlich.
Im Moment zum Beispiel gibt es viel Unruhe wegen dieses jungen Mannes aus dem Norden der Provinz, der sich gerade in der Stadt aufhält. Er sieht ziemlich gut aus, wenn auch auf eine etwas spröde Art und Weise, und er kann unentwegt reden (o ja, ich bin hingegangen und habe einen flüchtigen Blick auf ihn ge-

worfen, Du kennst mich ja). Er hat scheinbar nichts über die Römer zu meckern, genau gesagt, er ignoriert uns scheinbar alle, obwohl Pontius erzählt, daß es so einen schwachsinnigen Hauptmann in der Stadt gibt, der steif und fest behauptet, daß dieser Bursche irgendeinen sterbenden Diener von ihm geheilt habe, als sie vor einem Jahr im Landesinnern Dienst hatten. Aber vor ein paar Tagen verursachten er und seine Freunde beinahe einen Aufruhr im Tempel, und die Priester und Schriftgelehrten mögen ihn offensichtlich nicht. Also, jetzt wollen sie, daß wir ihn einsperren und hinrichten lassen, obwohl sie nicht genau zu wissen scheinen, warum, was mal wieder typisch ist. Sie hätten doch zumindest einen anständigen Prozeß aufziehen können. Niemand kann wirklich mit gutem Gewissen behaupten, daß der Anspruch, der Sohn Gottes zu sein, ein Kapitalvergehen ausmacht, und – was noch wichtiger ist – in Anbetracht unseres hochgeschätzten Kaisers würde wohl kaum jemand eine solch riskante Andeutung machen wollen, oder?
Mir erscheint es vollkommen klar, daß PP eins von beiden tun sollte – entweder den Kerl festnehmen und aufhängen lassen, so schnell es geht, oder diesen Priestertypen befehlen, zu verschwinden und sich um die Folgen selbst zu kümmern. Aber nein, er ist ganz Ohr und will selbst mit dem Mann reden, was verhängnisvoll sein wird – wart's ab. Ich meine, es ist doch wohl unter seiner Würde, wenn er sich hineinziehen läßt in dieses ganze Gerede darüber, was alles eine Gotteslästerung ausmacht; indirekt schließt es mit ein, daß wir irgendwie an diese veralteten Götter hier glauben. Alles, was er braucht, ist eine ordentliche Tracht Prügel und daß man ihn wieder heimschickt aufs Land. Die Einheimischen werden am Ende der Woche alle auseinanderlaufen, das machen sie immer. Aber PP nimmt die Sache ganz ernst und fühlt sich verantwort-

Maria von Magdala

Am Kreuz zu sterben dauert erstaunlich lange. Maria ist erschüttert darüber, wie lange es dauert, aber es bleibt nichts anderes zu tun als zu warten und zu wachen. Es dauert länger, als ein heftiger seelischer Schmerz anhalten kann, länger als Tränen oder Wut oder Geduld währen. Sie ertappt sich dabei, wie sie wünscht, sie hätte sich von Anfang an hingekniet, oder besser noch, sich flach auf den Boden hingelegt, weil man in einer solchen Stellung leichter ausharren kann. Aber jetzt, da sie schon steht, kann sie sich nicht mehr hinsetzen, weil er sich dort oben nicht bewegen kann und es Verrat wäre, wenn sie es täte. Sie fühlt, daß er schon genug verraten worden ist, und in ihrer Erschöpfung fühlt sie tief drinnen einen Zorn über die anderen, die nicht hier sind; eine dumpfe Wut, die vielleicht nie mehr weggehen wird. Sie wirft einen verstohlenen Blick auf Maria, seine Mutter, und weiß sofort, daß diese nirgendwo anders hätte sein können als hier. Johannes ist gekommen, aber Johannes ist so unschuldig, daß ihm wahrscheinlich die Gefahr nicht bewußt ist, in der er sich befindet; ein einfacher Fischerjunge, in dessen Augen sich immer noch die heftigen Stürme Galiläas widerspiegeln. Einen kurzen Augenblick lang empfindet sie gleichzeitig Zorn und Stolz – sie ist die einzige, die hier ist und weiß, was das alles bedeutet, und sich dafür entschieden hat, auszuharren. Doch ist sie zu müde, zu ausgelaugt, um sich mit diesen Gefühlen zu befassen. Sie kann nichts anderes mehr für ihn tun außer warten und wachen.

Später nimmt sie ihren Schleier ab und zieht die langen Haarnadeln aus ihrem Haar, diesem außergewöhnlichen rotgold glänzenden Haar; es fällt auf ihre

Schultern herab, wellt sich bis unterhalb der Hüfte und zeigt so der ganzen Welt, daß sie eine Dirne, eine Hure ist. Sie spürt regelrecht das lüsterne Grinsen auf den Gesichtern der Soldaten und den leichten Schauder in der Menge ringsum, aber sie kümmert sich nicht darum. Sie zeigt sich so, um seine Demütigung zu teilen, aber mehr noch, weil sie weiß, daß es ihn, sofern er dies hier noch wahrnimmt, an die Kornfelder, die prächtigen Feldlilien und an die langen Abende erinnern wird, an denen sie Wein tranken, sangen und glücklich waren. Es ist ein altes Spiel zwischen ihnen. Das erste Mal hatte sie sich nur einen Spaß machen wollen. Kichernd hatte sie ihr Haar geöffnet. Sie hatte die letzten Ersparnisse für den Alabasterkrug und das kostbare Salböl ausgegeben. Sie hatte ein scharlachrotes Band unter ihre Brüste gebunden und zwischen ihnen überkreuzt, so daß sie noch größer erschienen. Sie hatte ihn nur reizen wollen, nur für einen Augenblick aus seiner unerschütterlichen Ruhe bringen wollen. Es würde ein guter Scherz sein, und danach würden sie alle zusammen lachen. Sie hatte gewartet, bis sie mitten im Essen waren, bis sie sicher war, daß er genug haben würde von deren prüdem, moralisierendem und aufgeblasenem Benehmen.

Als sie hereinkam, hatte er sich umgedreht und ihr zugelächelt. Er hatte sich an den Tisch gelehnt, während er wie gewöhnlich redete; er blickte kurz auf, als sie eintrat, und als er ihre Aufmachung sah, grinste er sowohl über sie als auch darüber, daß eine unterschwellige Nervosität durch den Saal flackerte, denn sie kannte natürlich einige von den Würdenträgern der Stadt nur zu gut. Einige von ihnen waren nicht nur schockiert darüber, daß eine Sünderin, eine Prostituierte, in ihrer trostlosen Runde auftauchte, sondern hatten auch schreckliche Angst davor, was sie tun oder sagen würde. Und er und sie hatten deren Angst

solche Dummheit hatte sie irritiert. Aber ihr war klargeworden, daß dem nicht so war; er kannte sie einfach besser als sie sich selbst; er wußte, daß sie eine Liebende war, auch wenn die Prostitution der einzige Weg für sie war, zu lieben und zu leben. Gib es auf, hatte er gesagt, und folge mir nach, so wie er es gesagt hätte, wenn sie etwas anderes als sich selbst auf dem Marktplatz verkauft hätte. Ihm kam es nur darauf an, wer sie in Wirklichkeit war. Ihre Tränen hatten seine Füße benetzt. Es waren keine Tränen des Leids, sondern der Freude. Er hatte sie gern gehabt. Er hatte sie seinen Freunden vorgestellt, und diese waren ihre Freunde geworden. Er hatte sie seiner Mutter vorgestellt. Er hatte sich nicht geschämt, sie seiner eigenen Mutter vorzustellen, sie zu bitten, sich um seine Mutter zu kümmern, der der Lärm, das Umherziehen, die langen Nächte und die bunte Gesellschaft häufig zuviel wurden. Er hatte sie, eine Sünderin, gebeten, ihre Erfahrung mit dieser Welt einzusetzen, um seiner Mutter zu helfen. Er hatte sich nicht dafür geschämt, daß sie eine Hure gewesen war, er hatte das, was sie an Fähigkeiten erworben hatte, als etwas angesehen, das zu schätzen, das zu gebrauchen war. Er fand sie schön, er fand sie klug, er fand sie lustig. Er fand sie liebevoll. Und indem er sie so sah, entdeckte sie auch selbst in sich all diese Dinge und wuchs mit ihnen.

Als durch ihre Tränen der Staub von seinen Füßen gewaschen war, hatte sie den Krug mit Salbe geöffnet und diese lindernd zwischen seinen rissigen Zehen aufgetragen. Keiner von seinen anderen Freunden hätte eine Salbe von solch köstlichem und feinem Duft auswählen können. Auch darin kannte sie sich gut aus, und sie hatte gewußt, daß es ihm gefallen würde. Sie hatte ihn gern. Das war etwas Neues für sie, einen Mann gern zu haben, diese einfache Freiheit zu besitzen, nicht ständig auf der Hut sein zu müssen, nicht aufpassen und sich fragen zu müssen, wo der Haken liegt, wie schnell jemand vom Plaudern zum fordernden Begehren überwechselt, wann diese Mischung aus Ekel und Verlangen die Freundlichkeit aus den Augen vertreiben würde. Sie hatte ihn gern, sie hatte seine Welt gern, sie fühlte sich zu Hause bei seiner bunten Schar von Freunden, von denen einige ihr das Gefühl gaben, eine durch und durch ehrbare Frau zu sein. Alles was man tun mußte, um ihn gern zu haben, um bei ihm zu sein, war, diese Freundschaft anzunehmen, anzunehmen und angenommen zu werden. Es war nicht einfach, es war schwierig. Sie alle waren gebrochene und traurige Gestalten und irgendwo am Ende, und sie alle rechtfertigten sich voreinander. Aber er nicht, er rechtfertigte sich nicht. Auch sie mußte sich bei ihm zum ersten Mal nicht mehr rechtfertigen. Er akzeptierte sie einfach, und so konnte auch sie es akzeptieren, daß sie Fähigkeiten hatte und einen Wert unabhängig von ihrer Vergangenheit und gerade durch diese.

Schließlich hatte bei diesem Mahl doch jemand protestiert, weil *er* es zuließ, daß sie ihn sogar berührte. Sie hatte gespürt, wie seine Finger sich fest auf ihren Kopf legten und in ihr einen Schmerz linderten, gegen den sie abgestumpft war. Er sprach: »Ihre Sünden sind vergeben, weil sie viel liebt.« So einfach war das. Er sagte: »Sie ist eine Liebende, darum stellt euch nicht so an!« Zu ihr sagte er: »Hör nicht auf sie!« Er sagte: »Danke, danke für dein Geschenk, danke für deinen Humor, danke für deine Freundschaft. Mach dir keine Sorgen. Alles wird gut werden.«

Und weil er sie so offensichtlich achtete, hatte sie es geschafft, den Raum zu verlassen, ohne zu weinen. Sie war aufrecht, mit geöffnetem Haar und ihren Alabasterkrug hochhaltend, durch den Raum geschritten. Später hatte sie wieder geweint, in den Armen seiner

Mutter, die nicht ihre innere Verfassung, wohl aber ihre Tränen teilen konnte. Es gab keinen Grund, so hatte sie gelernt, die Vergangenheit auszulöschen. Denn die Vergangenheit machte einen zu dem, der man war. Es gab keinen Grund, sich mit einer ungeliebten Kindheit, Armut und Schlägen, der Suche nach Liebe wo und wie auch immer herauszureden, weil all diese Dinge einen zu dem machten, der man war, zu der Person machten, die er liebte.

Und während sie sich an all das erinnert, wendet sie sich seiner Mutter zu, die neben ihr auf dem Berg steht, um nun ihr den Trost zu spenden, der einst ihr gespendet wurde; aber sie sieht, daß Johannes schon da ist. Er spendet nicht nur Trost, sondern nimmt ihn auch an, weil anderen etwas zu geben das ist, was Maria jetzt braucht. Durch seine Unschuld, seine glückliche Kindheit am See, sein verträumtes, sanftes Wesen ist Johannes die richtige Person dafür. Was für sie wahr ist, muß für sie alle wahr sein, und wenn er nicht länger da ist, um sie daran zu erinnern, so müssen sie einander immer noch mit seinen Augen anschauen und annehmen, was immer sie auch sehen.

Es ist ein Glück, daß Johannes da ist, weil sie noch etwas anderes zu tun hat. Sie wird sich immer näher auf das Kreuz zu bewegen, so nahe, wie die Soldaten sie heranlassen werden. Dort wird sie mit ihrem im Sonnenlicht leuchtenden Haar die nächsten drei Stunden stehen, damit er merken kann, daß jemand an ihn denkt und ihn noch gern hat. Sie wird ihm ihre ganze Wahrheit sagen, einfach indem sie da ist. Sie wird ihm erzählen, daß sie nie mehr ihr Haar hochstecken wird. Daß sie nie mehr einen Schleier tragen wird. Daß sie sich nie mehr dafür schämen wird, daß sie einmal eine Hure war. Daß sie seinetwegen stolz auf ihr Haar ist, das lang genug und schön genug ist, um seine Füße damit zu trocknen und das heute abend lang genug und schön genug sein wird, um seine Wunden zu bedecken, so daß seine Mutter sie nicht berühren muß. Daß sie, die ihn zu seinen Lebzeiten gesalbt hat, da sein wird, um ihn im Tod zu salben. Daß sie, dank ihm, nun stolz ist auf eine Vergangenheit, die sie hart genug machte, um sich nicht vor diesem schrecklichen Sterben zu fürchten, sich seinetwegen nicht zu schämen, obwohl er dort wie ein gewöhnlicher Verbrecher hingerichtet wird.

Sie war eine Hure, und er liebte sie. Es gab nichts, dessen sie sich schämen mußte. Wenn sie ihn im Garten erkennen wird, werden sich zwei Freunde treffen.

Schwestern im Geiste

Lady Godiva

Sie wachte am Morgen auf, als sich ein dünner, schmaler Lichtstrahl einen Weg durch die Bettvorhänge bahnte und sie aus dem Schlafe riß. Sie fühlte sich wunderbar, stark und rein. Sie hatte sich voller Angst schlafen gelegt, überzeugt davon, daß die Augen sie während der Nacht entdecken würden, überzeugt davon, daß sie durch deren starren Blick, die sich rhythmisch bewegenden Schultern, die Hände, die sie nicht sehen konnte, festgehalten würde; überzeugt davon, daß die Augen sie finden, verschlingen, beschämen würden. Aber sie erwachte mit einem Lächeln, stark und rein. Voller Kraft.

Er hatte nicht geglaubt, daß sie es tun würde. Zum ersten Mal in ihrem Leben hatte sie eine Wahl getroffen, sie hatte sich für die schwierigere Sache entschieden, und sie hatte sie auch ausgeführt. In seiner Wut, in seiner Beschämung, in seiner Demütigung lag Bewunderung. Obwohl sie es nicht deswegen getan hatte. Sie war ahnungslos, wo sie meinte, unschuldig gewesen zu sein. Sie hatte nicht gewußt, wie viele unterschwellige Absichten bei einer mutigen Tat mitspielten. Sie hatte neue Dinge in sich entdeckt: Eitelkeit, Stolz, sinnliche Begierde, Gemeinheit, Zorn – so vieles und dennoch, nachdem sie es getan hatte, blieb es immer noch eine mutige Tat und eine liebevolle Tat.

Er hatte mit den schlimmsten seiner Freunde gezecht. War aufgebläht vom Trinken, Essen und vor Arroganz. »Bitte«, hatte sie gefleht, »bitte nicht. Tut es nicht! Um der Engel willen tut es nicht! Es ist nicht recht. Es sind Eure Kinder, Eure Untertanen, das könnt Ihr nicht machen.« Sie hatte geweint. Es war ihr völlig ernst damit gewesen.

Er hätte vielleicht nachgegeben, wenn sie eine bessere Zeit ausgesucht hätte. Aber vor seinen Freunden ... Gängelband, weich, weibisch. Es war dumm von ihr gewesen. Vielleicht konnte sie ja darauf hoffen, auch noch Klugheit zu erlernen.

»Mylady«, sagte er, »es ist sehr einfach, mit dem freigiebig umzugehen, was einem nicht gehört. Ihr bezahlt deren Abgaben.«

Das war hart. Hart, sie öffentlich bloßzustellen, bekanntzumachen, was eigentlich schon jeder wußte. Sie war von einem bescheidenen Herrensitz, einem hungrigen Haushalt ohne Söhne und mit zu vielen Töchtern zu ihm gekommen. Er hatte sie genommen wegen ihres alten Namens und aus Stolz.

Und wegen der Art, wie sie ihren kindlichen Kopf drehte, als er sie im Wald erblickt hatte; sie war noch kaum eine Frau und noch ein junges Mädchen, und er hatte gesehen, wie sie ihren Kopf gedreht hatte, eine stolze und schöne Geste. Aber er hatte ihr das nie gesagt. Ihr Stolz würde ihn zerbrechen, wenn er ihr nicht mit einen ebenbürtigen Stolz begegnete, und er sagte ihr nie, daß er sie liebte, sie sollte zu ihm kommen aus Dankbarkeit für seine Güte – seine Güte, ein mittelloses Mädchen in seinem vornehmen Schloß aufgenommen zu haben. Aber sie kam nicht. Er war auch nicht frei von Zorn.

Und ihre Schamesröte, ihr plötzliches Schweigen entfachten den Zorn in ihm. »Es ist einfach, das zu geben, was einem nicht gehört. Eine einfache Nächstenliebe den Armen gegenüber, wenn Euer eigener Magen satt ist, Madam; eine einfache Krankenpflege, wenn Euer eigenes Bett von Dienstmädchen aus Heilkräutern hergerichtet wird. Einfach, an ihrer Stelle um Erbarmen zu bitten und stolz in der Stadt als Retterin umherzuspazieren, was? Ihr gebt ja doch nur, was mir gehört. Ihr gebt nie, was Euch gehört.«

Sie schloß die Tür ihres Gemaches zu und ließ ihre

Kammerfrau bei sich auf einem Lager schlafen. Sie bewahrte ihren Stolz – und ihre Keuschheit; und einmal im Monat erfüllte sie, kalt wie eine Nonne während der Fastenzeit, ihre ehelichen Pflichten, damit er sich nicht beklagen konnte. Sie erhob sich dann vor Sonnenaufgang, und so sah er, sobald er sich in seinem trunkenen und trostlosen Halbschlaf herumdrehte, nur ihren langen Rücken mit dem schönen, dicken Zopf, eine Schlinge für seinen Hals, während sie auf dem Betstuhl kniete.

»Mir gehört nichts außer Eurer Liebe, Mylord.«

»Ihr besitzt Eure Ehre, Eure Würde, Eure verdammte maushafte Bescheidenheit. Wollt Ihr das für Euer geliebtes Volk geben, für die unterdrückten Bürger von Coventry, damit ihr böser Herr in seinem Schloß ihnen keinen Schaden zufügen kann?«

Ganz plötzlich war es ernst. Vollkommen ernst. Alles Böse zwischen ihnen lag nun offen da, lag offen auf dem Tisch, während seine dummen, betrunkenen Freunde lachend zuschauten und die Diener ihren Atem anhielten.

Sie zögerte, weil es ernst war. Sie hatte keine Ahnung, was er von ihr fordern würde. Sie mußte in ihr Herz schauen und sich fragen: »Will ich?« Eindringlich fragen, denn was auch immer er sagen würde, es würde nicht einfach sein. »Will ich? O Gott, will ich?« Da sah sie die ausdruckslosen Gesichter der Stadtbürger, Leute, die sich abplagten unter der Last der Armut, ohne Hoffnung darauf, daß ihnen ein guter Herr Erleichterung verschaffen würde. Leute, für die diese Abgabe zu hoch sein würde – Kinder, die schon unterernährt waren, junge Mädchen mit wilden, zerzausten Haaren und zu großen Augen, alte Menschen, die Angst davor hatten, daß sie zu sehr zur Last fallen würden und die sich fragten, wie kalt der Fluß war, und ein langer Winter stand bevor. Würde er sich vor all diesen Menschen

über sie hermachen? Würde er sie zu seinem Gemach schleppen und sie zwingen, zuzuschauen, während er entsetzliche Dinge mit seiner Dirne trieb? Würde er... ihre Phantasie reichte nicht aus.
»Ja, ich will«, sagte sie. Leise. Die Worte fielen leise in den Saal. Er lachte. Das war eine Herausforderung. Sein Stolz und ihr Stolz standen auf dem Spiel.
»Ihr habt leicht reden, Mylady«, und er lachte. »Worte sind billig.« Er trank gierig seinen Becher aus, stürzte den Wein hinunter und sagte dann, wobei er weder auf sie noch auf irgend jemanden schaute, nur auf den leeren Becher in seiner Hand: »Reite also, reite durch die Stadt, über den Marktplatz – nackt! Sie sollen sehen! Sie sollen ihre liebe Herrin sehen! Nackt! Damit sie sie anglotzen können.«
Das hatte er sich gut ausgedacht. Er bemerkte, wie sich eine tiefe Schamesröte auf ihrer Brust ausbreitete, ihre Augen sich vor Angst weiteten. Er hatte sie selbst noch nie nackt gesehen.
Sie erhob sich. »Morgen, Mylord, nachdem das Morgenlob gesungen ist.« Sie stieß ihren Stuhl vom Tisch weg, machte einen tiefen Knicks vor der Gesellschaft und verließ schweigend den Saal. Sie waren zu weit gegangen, alle beide. Im Saal war es still, nur das Rascheln ihres Seidengewandes auf den Fliesen war zu hören, wie trockenes Herbstlaub. Erst als sie in ihrem eigenen Bett, in ihrem eigenen Gemach in Sicherheit war, fing sie an zu klagen. Sie konnte es nicht tun. Sie konnte es nicht.
Er hielt ihren weißen Maulesel, der gesattelt war, und wartete auf sie. Sie kam hinunter in den stillen Hof, eingehüllt in einen Umhang.
»Madam«, er verneigte sich.
Er hob sie in den Sattel und streckte seine Hand nach dem Umhang aus. Für einen Augenblick trafen sich ihre Augen. Scham und Stolz. Und Schweigen.

Sie führte ihre Finger zum Hals, an die Spange ihres Kragens, und ihre Hände zitterten dabei so heftig, daß sie diese nicht aufmachen konnte. Er reckte sich und öffnete sie so sanft, daß es beinahe eine Gunstbezeugung war, die Geste eines Verehrers. Er riß den Umhang nicht herunter, das mußte sie ganz allein machen. Er hatte sie nicht dazu gezwungen, er hatte sie dazu nicht veranlaßt; es war ihre Entscheidung.
Sie ließ den Umhang in seinen Arm fallen. Ein scharfer, kurzer Windzug schnitt ihr ins Fleisch, und ihre Brustwarzen strafften sich, richteten sich auf, fest und kalt. An ihren Armen hatte sie Gänsehaut. Sie saß sehr aufrecht, aber ihre Augen waren gesenkt. Die Schamesröte, die er letzte Nacht bemerkt hatte, bedeckte wie ein Ausschlag ihren gesamten Oberkörper. Ihre Beine waren vor Kälte voller purpurroter Flecken. Sie biß sich auf die Lippen wegen der Tränen und der Klagen, die in ihr hochstiegen. Nächstenliebe war nicht einfach.
Das Tor war schon geöffnet.
Er gab dem Maulesel einen Klaps auf das Hinterteil, und das Tier bewegte sich vorwärts.
Ein Sturm von Empfindungen durchbrandete sie, Scham, Kälte, Scham. Und erschreckend für sie, ein eigenartiges Gefühl dort, wo ihre Schamhaare leicht gegen das Leder rieben. Die Kälte, die Scham, das ungewohnte Auf- und Ab des Sattels unter ihrem Gesäß, die Scham, das neue Schamgefühl wegen dieser rhythmischen Bewegungen, die Scham, die Kälte.
Sie versuchte, ihre Gedanken zu ordnen. Als die heilige Mutter Gottes auf dem Esel nach Betlehem ritt, schauten die Leute auf sie und hielten sie für eine Schlampe und Hure und Dirne. Wie muß sie sich geschämt haben!
Aber sie konnte nur an die Kälte und die Scham denken. Und das unbekannte Gefühl an ihren Oberschen-

keln, ihrem Gesäß, an den unsichtbaren Stellen, die durch den Sattel erregt wurden.
Als sie den Abhang vom Schloß zur Stadt hinabritt, kam ihr ein neuer Gedanke, der sie noch mehr beschämte. Wenn er schon so etwas von ihr verlangte, warum hatte er sie nicht gefragt, als sie noch jung und hübsch war? Nackt zu sein bedeutete Schande; aber eine Nacktheit voller Flecken, ohne Schönheit, mit ihren ein wenig schlaffen Brüsten und der weißen Haut, die vom Gebären verschlissen und ausgeleiert war, bedeutete zuviel der Schmach. Sie hätte es ertragen können, dachte sie, wenn sie sie mit Ehrfurcht hätten anstarren können, wenn sie in der Blüte ihrer Schönheit hätte ausreiten können. Aber nackt zu sein und bedauert zu werden, das war zuviel. Und sie schämte sich zugleich ihrer Eitelkeit. Sie versuchte an die Menschen zu denken, an deren Not und daran, wie sie ihr abhelfen konnte. Aber sie vermochte sich bloß deren Mitleid vorzustellen, daß nämlich ihre Herrin so alt und häßlich und schlaff und knochig war wie ein gerupftes Huhn – Gänsehaut und Falten, wie ein Hühnchen fertig für den Bratenspieß.
Und weil sie sich so schämte und es in ihrem Kopf rumorte und weil sie vor Scham ihren Kopf niederbeugte und ihre Augen starr auf ihre Hände fixierte, weil ihr Kopf voller Lärm und Getöse war, bemerkte sie zunächst die Ruhe ringsum nicht. Erst als das Maultier in die Hauptstraße einbog auf den Schafmarkt zu, nahm sie zum ersten Mal wahr, daß es ganz ruhig war. Es war vollkommen ruhig. Neugierig hob sie ein wenig ihren Kopf. Keine gaffende Menschenmenge, keine lachenden Kinder, keine lüstern dreinschauenden Männer! Die Straße war leer. Alle Fensterläden waren verschlossen, alle Türen im Schloß. In der Ruhe hörte sie hinter den Läden eines der Häuser das schwache Wimmern eines Babys und das sanfte ›Pst‹ seiner Mut-

ter; ihr Herz floß über mit Lobpreis. Das war ihr Geschenk an sie, ihre Dankbarkeit, die einzige Dankbarkeit, die sie ihr geben konnten, und sie sollte wissen, daß es auch für sie kein einfaches Geben bedeutete. Es war ihr Gruß, diese Stille, die geschlossenen Fenster, die leeren Straßen, dieser vergeudete Tag, während die Hennen Eier legten, das Unkraut wuchs und die Schafe umherstreiften; die Menschen würden in ihren Häusern bleiben und keinen Blick auf ihre Schmach werfen. Hosanna, sang ihr Herz, und es war ein lieblicherer Gesang als das Jubeln und Tanzen der Menge, weil jetzt ihre Abgaben erlassen und ihre Kinder zu essen haben würden.
Tränen traten ihr in die Augen, aber sie durfte nicht weinen, denn wenn jemand sie sah, wenn bei ihrer Rückkehr zum Schloß Tränen auf ihrem Gesicht waren, könnte man ja auf den Gedanken kommen, daß ihr ihre Liebe leid tat. Sie empfand kein Bedauern, nur Dankbarkeit, Dankbarkeit und Liebe und Freundschaft. Sie hielt ihren Kopf hoch, obwohl niemand da war, den man sehen konnte.
Das war so, bevor sie die Augen spürte. Sie spürte sie, spürte deren Gier und Bosheit und Macht, lange bevor sie wußte, was sich verändert hatte. Die Schamesröte, die langsam zurückgewichen war, kam wieder. Augen. Das Maultier, verunsichert, aber gehorsam, hatte gerade gewendet, um über den Marktplatz zu reiten; über den Platz, auf den hin die beiden Gassen zuliefen und der den weitesten, freien Blick in der Stadt bot. Diesen Weg hatte sie jetzt vor sich. Sie mußte da hindurch, Meter für Meter, im gleichmäßigen Trab des Maulesels. Hinter einem Fenster genau vor ihr, auf der anderen Seite des Platzes, genau hinter der Abbiegung zur Kathedrale, lauerten die Augen, verschlangen sie, gewannen Macht über sie, weil sie sich schämte, waren fasziniert, gemein, gierig.

Sie trug ihren Kopf immer noch aufrecht, erfüllt von der Liebe, die sie durch jeden der geschlossenen Fensterläden erhalten hatte. Sie blickte geradewegs in die Augen. Und weil die Augen sie bannten, konnte sie nicht anders als auch die sich bewegenden, sich rhythmisch bewegenden Schultern zu sehen; sie wollte es nicht wissen, aber sie wußte, was die Hände, die sie nicht sehen konnte, taten.

Sie hatte nichts über Scham gewußt. Nun fühlte sie sich besudelt, schmutzig, geschlagen, besiegt. Sie senkte ihren Kopf. Sie nahm eine Hand von den Zügeln und versuchte ihre Genitalien zu bedecken. In seiner Verwirrung verlangsamte das Maultier seinen Schritt. Der Rhythmus, in dem sich die Schultern bewegten, war derselbe wie der, in dem der Sattelknauf gegen ihr Schambein rieb. Sie war gemein, niedrig, nichtswürdig, und sie verdiente das. Ekelhaft! Was hatte sie in ihrem Stolz eigentlich geglaubt, wer sie war? Wer konnte sie denn lieben? Doch nicht ihr Mann, nicht die Leute; nur das hier, nur diese gierigen, verzehrenden Augen und dieser gierige, fordernde Rhythmus, die ihr deutlich machten, daß einer Frau kein Rang zugestanden wurde; ob man handelte oder nicht, eine Wahl traf oder die Dinge einfach hinnahm, hinter allem war nur Schmutz, war nur Verderbtheit, war nur Schlechtigkeit und Dreck. Sie...

Sie entdeckte in sich einen noch nie gekannten Zorn. Sie würde ihn auspeitschen lassen; sie würde es ihrem Mann sagen, und der würde ihm die Ohren abschneiden, ihn brandmarken, an den Pranger stellen, das schreckliche Auge mit einem glühendroten Feuerhaken ausbrennen. In ihrem Zorn wurde ihr aber schlagartig klar: So etwas konnte sie nicht tun. Die Augen zu bestrafen, die geschaut hatten, würde bedeuten, den Großmut jedes einzelnen Auges, das nicht geschaut hatte, zurückzuweisen. Sie hatten das Recht, zu schauen, hatten aber großmütig von ihrer Macht keinen Gebrauch gemacht. Wenn sie die Augen bestrafen ließ, würde sie ihnen allen das Recht absprechen, großmütig zu sein. Und sie alle hatten doch so wenig, so daß es eine schreckliche Sünde wäre, ihr Geschenk nicht anzuerkennen, ihr Recht, ihr ein Geschenk zu machen. Sie konnte ihre Liebe nicht zurückweisen, um ihrer persönlichen Ehre Genugtuung zu verschaffen.

Einfache Nächstenliebe, hatte er gespottet. Jetzt hatte sie erfahren, wie schwer Nächstenliebe war. Und sie war schwer. Sie mußte einen Meter vor den Augen vorbeireiten; sie mußte vorbeireiten mit erhobenem Haupt und mit beiden Händen an den Zügeln ihres Maulesels. Sie dachte an den langen Winter und an das Essen für die Armen. Sie dachte an den langen Winter und an das Essen für ihre Freunde, die nicht hinschauten. Und ihr Ritt wurde zu einer Prozession, einem Triumph, einem kurzen Augenblick voll Ehre und Ruhm in einem Leben, das nur wenige solcher Augenblicke kannte und diese auch nie gesucht hatte. Sie ritt unter dem Burgtor hindurch, immer noch rot vor Scham und mit erhobenem Haupt.

Er stand nur wenige Schritte hinter dem Tor, und als ihr Maultier in den Schloßhof einzog, kam er auf sie zu. Er hielt den Umhang bereit, und beinahe zärtlich hüllte er sie darin ein und hob sie herunter, als wäre sie ein kostbarer Schatz. Sie konnte seine Verwunderung sehen, sein Staunen und seinen Stolz.

»Sie haben nicht hingesehen«, sagte er.

»Nein«, antwortete sie.

»Sie lieben dich«, sagte er, beinahe erstaunt.

»Ja«, erwiderte sie.

Eine Pause trat ein.

»Ich ...«, begann er. Er versuchte, etwas zu sagen.

»Ich war zu stolz; es war Stolz, und ich nannte es Be-

scheidenheit«, sagte sie. »Wir könnten es besser machen, Ihr und ich, Mylord.«
Er klatschte in seine Hände, und der Diener kam heraus.
»Die dem Volk auferlegte Abgabe wurde in vollem Umfang durch den Großmut seiner Herrin bezahlt. Sie ist ganz aufgehoben. Ich habe eine Bezahlung von ganz anderer Art gelten lassen. Das kannst du verkünden.« Er wandte sich an sie: »Ich mag ja ein gemeiner Schuft sein«, murmelte er, »aber ich bin trotz alledem ein ehrenwerter Schuft.«
»Danke«, antwortete sie, demütig.
Er nahm sie an der Hand, und mit einer Feierlichkeit, wie sie gewöhnlich nur königlichen Gesandten gewährt wurde, führte er sie ins Schloß.
Es mag vielleicht nicht ganz überraschen, daß sie zwar Angst davor hatte, daß sie während des Schlafs die Augen sehen würde, daß sie jedoch stark und rein, lächelnd und voller Kraft aufwachte.

Denn jedesmal, wenn wir eine Frau ehren, die ihre Keuschheit über ihr Leben stellt, sollten wir auch eine ehren, die demütig in die Stadt reitet und sich dabei aus Liebe zu den Armen und Unterdrückten ihrer Würde, ihrer Bescheidenheit, dem Schutz gesellschaftlicher Konventionen und sogar ihrer Selbstachtung entkleidet. Denn so handelte der, in dessen Namen sie reitet.
Gesegnet ist sie, die da kommt im Namen des Herrn. Hosanna in der Höhe.

Radegunde

Sie wußte, daß sie im Sterben lag. Sie wußte es, innerlich bereit dazu und im Frieden mit sich. Fast genau auf den Tag siebzig Jahre, und es war Zeit zu gehen. Also dann! »In deine Hände«, flüsterte sie, »in deine Hände befehle ich meinen Geist.«
»Heute abend wirst du mit uns ins Paradies eingehen«, singen die Engel, und wäre es jetzt nicht zu anstrengend, würde sie lächeln.
Es war Hochsommer, und sie hatten sie zum Sterben in die Kapelle gebracht. Hoch über ihr, jetzt nur verschwommen und schattenhaft erkennbar, bot ihr das große Dach, die Arche, die sie durch so viele Stürme getragen hatte, noch immer Schutz. Der Altar, dem sie ihr Gesicht zugewandt hatte, strahlte Schönheit und Heiterkeit aus; der Reliquienschrein, der ein Stück vom echten Kreuz Christi enthielt, ein Geschenk ihr zu Ehren, das nur für sie von Konstantinopel hierher gebracht worden war, leuchtete prächtig. Um sie herum standen ihre Nonnen, seine Schwestern, ihre Töchter, um mit ihr zu beten, so daß sie sich nicht einsam fühlte. Draußen im Gästehaus wartete voll Ungeduld der fränkische Botschafter, weil er Antworten brauchte auf seine jetzt doch so unwichtigen Fragen zum Friedensvertrag, so daß sie sich nicht unnütz vorkam.
Zweihundert Frauen waren sie, weise und fromm, für die sie bei den dummen und mißgünstigen Bischöfen das Recht auf Bildung durchgesetzt hatte – das in die Regel aufgenommen und vom Bischof von Rom persönlich abgesegnet worden war, so daß ihre zwei freien Stunden am Tag nicht mit albernen Stickereien, sondern mit echtem Studium ausgefüllt wurden. Zweihundert Frauen hier in ihrem Haus in Poitiers.

Und er hatte sich über ihre Unfruchtbarkeit lustig gemacht. Verrückter, alter Dummkopf, dachte sie jetzt, aber mit einiger Nachsicht; König Chlothar, Sohn Chlodwigs, früher einmal – und sie vermutete, wohl immer noch – ihr Ehemann. Ha!
Es war Hochsommer. Draußen schien die Sonne; sie konnte den strahlend blauen Himmel sehen und die dicken, weißen Wolken, die am Fenster vorüberzogen. Sie konnte von weitem hören, wie die Bauern die Traubenlese einbrachten. Heute abend würden die Kinder lärmen und singen, wenn sie über die Bottiche kletterten und beim Auspressen der Trauben im Rhythmus stampften; und es würde gut und süß sein, denn ein wenig Wein war etwas Bekömmliches und nicht immer nur etwas Gefährliches und Bedrohliches wie früher, als sie noch klein war.
Heute abend bei der Vesper wird sie Abschied nehmen. Sie wird zum letzten Mal die Kommunion empfangen, sie wird ihre Schwestern segnen und sich auf ihre lange Reise begeben. Sie war bereit. Vertrauensvoll und heiter wandte sie sich in Gedanken dieser Reise zu.
Aber irgendwo weit in ihrem Hinterkopf rumorte es und ließ ihr keine Ruhe; da wußte sie, daß es noch etwas gab, was sie noch nicht erledigt hatte. Etwas, das sie versprochen hatte ... wem versprochen? ... sich selbst versprochen? ... etwas, das sie erledigen wollte, bevor sie starb. Etwas, das sie eigentlich tun sollte.
In ihren Gedanken blieb sie nur kurz an ihrem Schreibpult hängen; dort gab es eine Menge unerledigter Dinge, aber nichts, was von Bedeutung war. Das vergangene Vierteljahrhundert hatte sie sich für den Frieden eingesetzt; sie war dabei nicht ohne Erfolg gewesen, trotzdem gab es keinen Frieden, und es würde auch keinen geben zwischen den unruhigen Königshäusern in Europa, so daß all das, für das ihr womög-

lich keine Zeit mehr bleiben würde, ohne große Bedeutung war. Sie konnte vielleicht keinen Friedensschluß, keinen Waffenstillstand, keine Grenzregelung mehr vermitteln, aber deswegen wollte sie nicht von ihrer Reise zurücktreten.

Etwas für das Kloster. Etwas für ihre Schwestern, etwas Wichtiges, das sie ihnen zu sagen hatte. Sie konnte sich nicht entsinnen. Vor lauter Anstrengung zog sie ihr Gesicht in Falten, ihr Kopf bewegte sich schwach auf dem Kissen, und sofort war eine der Schwestern zur Stelle, um sie zu beruhigen und ihre Lippen mit einem kühlen, feuchten Leinentuch, das lieblich nach dem Lavendel aus dem Garten duftete, abzuwischen. Der wohlige Geruch lenkte sie ab, und obwohl sie dankbar war für die Aufmerksamkeit, die man ihr entgegenbrachte, ärgerte sie sich über die Störung.

Ihr Ärger brachte in ihr die Erinnerung wieder zurück. Sie mußte ihnen etwas über den Zorn sagen, über den Zorn und wie dieser manchmal gut und gottesfürchtig und berechtigt war. Es stimmte nicht, die Frauen waren betrogen worden, man hatte ihnen beigebracht, daß in Freundlichkeit, in Unterwürfigkeit Macht lag und darin, daß sie diese aufgaben, fortwarfen; daß Liebe bloß die Fähigkeit war, zu leiden und zu leiden und zu leiden. Pah!

Radegunde war die Tochter von Berthar, dem König von Thüringen. Keine Kindheit, um die Sanftheit in einer Frau zu fördern – es war ein Hof voller Brutalität und Intrigen und Gewalt. Nicht einmal zu den Festgelagen ließen die Krieger voneinander ab. Sie setzten sich hin, um zu essen, und standen auf, um zu kämpfen. Sie kämpften mit dem Feind, und wenn es keinen gab, kämpften sie untereinander, intrigierten, zettelten Verschwörungen an, mordeten und meuchelten. Für das Königskind war das aufregend gewesen: neben dem Thronsessel ihrer Mutter in der hohen Halle zu stehen und hinauszuschauen, wie Männer und Hunde herumtobten. Ihre langen, blonden Zöpfe hüpften dabei vor lauter Aufregung auf und ab, und nachts war sie mehr als einmal aufgeweckt worden, weil der ganze Hofstaat wieder einmal im Aufbruch war – aus Angst oder weil man zum Angriff rüstete, je nachdem, wie sich die politischen Machtverhältnisse wandelten.

Sie war zwölf, als die fränkischen Soldaten eines Nachts im Schloß einfielen. Wäre sie im Frauentrakt geblieben, wohin sie auch gehörte, wäre sie wahrscheinlich in Sicherheit gewesen; so aber ergab es sich, daß sie im Schloßhof aufgegriffen und im donnernden Galopp in die Nacht hinaus entführt wurde. Sie hatte sich dabei nicht gefürchtet, war eher aufgeregt gewesen, ein Kind eben.

Sie schleppten sie fort an den fränkischen Hof, zu Chlodwig, wo sie aufwuchs. Sie hatte eine Ausnahmestellung inne – war weder Sklavin noch Gefangene; sie wurde ehrenvoll behandelt; zunächst wurde sie gegen hohes Lösegeld festgehalten, das aber nie gezahlt wurde, und bis zum heutigen Tag wußte sie nicht genau warum. Später wurde sie mit Chlothar, Chlodwigs Nachfolger, verheiratet, und von da ab lebte sie dort nicht mehr als Gefangene, sondern als die zukünftige Königin. Die Familie Chlodwigs war christlich; die zukünftige Königin, so wurde beschlossen, sollte auch Christin sein, weshalb man damit begann, sie zu unterweisen. Es herrschte Ordnung an diesem Hof, man hatte Zeit und es gab genügend Platz; die Frauen hatten nicht allzu viel Umgang mit den Männern, sondern wohnten in ihren eigenen Gemächern und wurden, so schien es ihr anfangs, mit Respekt behandelt. Man erzählte ihr von Gott und unterwies sie in Lesen und Schreiben und den schönen Künsten. Deren Gott wurde ihr Gott. Man erzählte ihr von Christus, der am

Kreuz für sie gestorben war; von seiner Gegenwart im Sakrament, in Brot und Wein. Man unterwies sie im Gesang, der ganz anders war als das betrunkene Gegröle, das sie in ihrer Kindheit gehört hatte; in der Dichtung und im Schnitzen von Heiligenfiguren. Sie lernte einen Gott kennen, mit dem man in der Ruhe und Abgeschiedenheit seiner Kammer sprechen konnte, einen Gott, der Gebete erhörte, anstatt sich an dem Blut von geschlachteten Tieren zu betrinken.
All das war für sie in ihrer Einsamkeit so wunderbar und tröstlich, daß sie auch die anderen Dinge akzeptierte: daß Frauen nur durch Unterwerfen und Gehorsam mit diesem Gott eins werden können; daß Frauen die Aufgabe haben, das Leben der Männer angenehm zu machen; daß Ehefrauen ihren Männern untertan sein müssen, schweigen müssen, sie achten und ihnen gehorchen müssen.
Bald stellte sich heraus, daß es sehr viel leichter war, Chlothar zu gehorchen als ihn zu achten. Ihm ging es um Gehorsam, was er über den Handrücken regelte, wenn alles andere versagte. In der Frage der Achtung war sie ganz auf sich gestelllt. Sie war achtzehn, als sie heirateten, und sie trat in ihren neuen Stand mit einem brennenden Herzen. Sie wußte, daß er ein wilder Mann war, grausam und blutrünstig, aber sie glaubte, daß sie in der Kraft Christi – und mit ihrer Schönheit, von der sogar sie, in angemessener Bescheidenheit, wußte, daß sie von der Art war, die Männerherzen entflammt (und nicht nur ihre Herzen, wie sie schnell lernte) – diesen Mann zähmen und ihn liebenswert und pflichterfüllt machen könnte.
Auf dieses Ziel hin richtete sie ihre ganze Kraft. Ihr schien es, als würde er alles, was er nach seinen Plünderungen, Massakern und Saufereien noch an Kräften aufbrachte, nur für ihre Demütigung übrig haben. Er warf sie mitten in der Nacht aus ihrem Bett, um seine

Geliebte hineinzulegen; er zwang sie, sich in den Festsaal zu stellen, wo er sie in Gegenwart seiner Kriegertruppe wegen ihrer Kinderlosigkeit beschimpfte. Er schlug sie. Er verspottete sie. Und immer, wenn ihm danach zumute war, vergewaltigte er sie, unerwartet, ohne jedes Gefühl.
Die Priester um sie herum murmelten etwas in der Art, daß Gott ihr damit nur eine Prüfung auferlegte. Sie müßte das alles zur Ehre Gottes und auch, um die Seele ihres Mannes zu retten, in Demut annehmen. Er müßte zu der Einsicht gebracht werden, daß ihre Liebe standhaft, daß ihr Verzeihen wie das von Jesus vollkommen sei. Die Liebe, so versicherten sie ihr, würde alles überwinden, solange sie stark in ihrer Unterwerfung, demütig in ihrer Erniedrigung und freundlich, warmherzig, zärtlich, lieb und gut sei.
Es sei sogar recht, so sagten sie ihr, daß er ihre Gebete unterbreche, weil eine Frau zu Gott nur durch ihren Mann gelange, daß ihr Mann, ihr König, für sie an erster Stelle stehen müsse, an erster Stelle, sogar vor Gott.
Und sie ertrug es. Sie glaubte ihnen, und sie ertrug es. Leise ging sie durch das Schloß, schweigend und sanftmütig. Wenn er es erlaubte, war sie freigiebig; und wenn er es verbot, fügte sie sich. Wenn er fern von ihr war, sich mit seinen Huren, mit seinen Freunden, mit seinen Pferden und Hunden herumtrieb, las und betete sie; wenn sie hörte, daß er zurückkehrte, legte sie jene Dinge beiseite und kümmerte sich um eine jede seiner Marotten. Eines Tages würde er sich ändern, eines Tages würde er sich ändern und sie sehen, sehen, wer sie war, dieses heilige und sanftmütige Mädchen sehen, das seine Bedürfnisse zur eigenen Sorge machte, das sein Seelenheil zum wichtigsten Anliegen in ihren Fürbitten machte, das ihn liebte und für ihn und durch ihn leiden würde, indem es wie

Christus die eine Wange hinhielt und ihn aufforderte, auch auf die andere zu schlagen.
Er tötete ihren Bruder und zwang sie, dabei zuzuschauen.
Er mißbrauchte ihren Körper.
Er lachte über sie in der Öffentlichkeit.
Er verbrannte ihre Bücher.
Sie gab es als Opfer, sie vereinigte ihr Leiden mit dem Leiden Christi; sie folgte den Weisungen des heiligen Paulus und war ihrem Mann untertan. Eines Tages, eines Tages würde er sich ändern und sie lieben. Eines Tages würde ihre lange Marter belohnt werden. Wenn sie eine wirklich gute Ehefrau war, würde er sich auch ändern. Genau das wollte Gott. Sie wurde geprüft. Chlothar und Gott prüften sie. Sie mußte aushalten, in aller Sanftmut.
Sechs Jahre, sechs ganze Jahre hielt sie durch. Man sagte, sie wäre so fromm, wie sie schön sei. So gut, wie sie hübsch sei. Sie galt als Inbegriff der christlichen Königin; sie gab sich selbst auf für die Belange ihres Mannes. Zu seinem politischen Nutzen willigte sie sogar in den Tod ihres Bruders ein; sie hatte ihren Vater und ihr Vaterhaus verlassen und hing schweigend und demütig nur ihrem Mann an. Sie sei eine Heilige, sagte man, eine Verkörperung christlicher Weiblichkeit im dunklen Norden.
Das tröstete sie nicht.
Eines Abends, spät, kam er betrunken in ihr Gemach, Arm in Arm mit einem betrunkenen Saufkumpanen.
»Schau meine edle Gattin an«, sagte er mit einem Lachen, »nimm eine Frau wie sie, lieber Freund. Eine Frau, die alles macht. Ein dummes Hühnchen mit dem Herzen einer Hure.«
Und zu ihr meinte er: »Zieh dich aus!«
»Nein«, sagte sie. Sie hätte nicht gedacht, daß sie das sagen würde. Sie hatte sich bereitgehalten für ihn, ge-

badet und parfümiert. Sie hatte geglaubt, es würde wieder eine Nacht wie jede andere werden. Sie war genauso verblüfft wie er, als sie ihre Stimme sagen hörte: »Nein.« Ihren eigenen Mund so ruhig und sicher sagen hörte: »Nein.«

Aber sobald es ausgesprochen war, änderte sich etwas.

Sie war eine thüringische Furie, ergriffen von der dunklen Macht der wilden Wikingergötter aus dem Norden, von der Stärke und dem Zorn des Gottes der Psalmen – des Gottes, der Sodom in der Nacht vernichtete und die Mauern von Jericho zum Einstürzen brachte. Des Gottes, der mit David gegen die Philister zog und den Kindern Ägyptens sieben Plagen auferlegte. Des Gottes, der den Tempel säuberte.

Während er sprachlos dastand, während sich sein Freund aus dem Raum schlich, während seine Wut sich langsam aufstaute, es aber nicht schaffte, seine Sprachlosigkeit zu überwinden, begann sie zu reden.

»Das, das hier«, schrie sie, indem sie an ihre Brust schlug, »das ist ein Tempel, ein Tempel des Heiligen Geistes, ein Haus Gottes und Ihr habt eine Räuberhöhle daraus gemacht. Schluß damit! Hört Ihr mich, Schluß damit! Es riecht!«

Wie betäubt machte er einen Schritt auf sie zu; sie griff nach der großen Glasschüssel, die mit Wasser gefüllt auf dem Schrank stand, und schleuderte sie ihm entgegen, wobei sie in tausend Stücke zerbrach.

»Und jetzt gehe ich fort. Morgen früh. Sorgt dafür, daß ich abreisen kann! Ich nehme den Schleier, ich gehe nach Noyons, und man wird mich wegen Eures edlen Namens zur Diakonissin machen, und dann werdet Ihr mich nie mehr anfassen können. Nie mehr!«

Einen Augenblick lang sah sie in seinen Augen das, wofür sie sich sechs Jahre lang erniedrigt hatte: einen Schimmer von Ehrfurcht, Respekt, Bewunderung.

Aber es war zu spät. Was Tugend nicht vermocht hatte, der Zorn hatte es geschafft. Was Liebenswürdigkeit und Leiden nicht vermocht hatten, der Zorn schaffte es.
Sie hörte die gewaltige, ernste Stimme Jesu, als er zu ihr sprach wie damals zu Lazarus: »Komm heraus!« Komm heraus aus dem Grab und lebe!
Als sie am nächsten Morgen aufbrach und sich unerschrocken auf den langen Weg nach Noyons begab, auf den Weg, welcher später auf den kürzeren, sonnigeren nach Poitiers führen sollte und hin zu ihrer eigenen Gründung, zu ihren eigenen Töchtern, zu ihrer Ehre und Macht und Herrlichkeit, hörte sie den Beifall von Martha und Maria und der Muttergottes. Sie hörte das Lachen von Thekla und die Heiterkeit aller Märtyrer. Sie hörte die Stimme Jesu und war überrascht, aber auch erfreut, daß sie außerhalb des Bannkreises von Chlothars hohem Schloß nicht im entferntesten wie dessen Stimme klang.
Das Leben und die Liebe waren stark und angenehm. Ihr Zorn hatte sie zu einer freien Frau gemacht. Es war besser, sanft und gütig zu sein. Ordnung war besser als Chaos. Frieden und Studium besser als die wilden Nächte der Kriegstruppen. Sie hatte Glück, weil sie nicht nur fromm und schön, sondern auch klug und weise war. Sie zweifelte nie an ihrem Glück. Sie zweifelte nie an Gottes Güte ihr gegenüber, aber sie zweifelte auch nie an der Macht des Zorns. Christus im Tempel, der die Tische der Geldwechsler umstürzt, ist derselbe wie Christus am Kreuz. Ein und derselbe.
Besonders für Frauen.

Das wollte sie den Nonnen erzählen, hier an diesem hellen Sommertag, während sie im Sterben lag. Es schien wichtig.

Sie fragte in sich hinein, ob sie noch genügend Kraft und Entschlossenheit haben würde. Da merkte sie, daß ihr keine Zeit mehr dazu blieb. Sie würden selbst die Erfahrung machen müssen. Sie könnten ja auf ihr, Radegundes, Leben schauen und es selbst herausfinden.
Das Tuch, das nach Lavendel duftete, bewegte sich wieder sanft über ihr Gesicht. Spaß, genau das hatte sie gehabt, seit sie Chlothar verlassen hatte. Glück. Freude. Spaß.
Sie lächelte.
Die Nonnen sangen. Jetzt war sie bereit.

Mary Fisher

Mary Fisher, unverheiratet, keiner Pfarrgemeinde angehörend, war eine Vagabundin, an die Straße gebunden wie ein Ehemann an Haus und Heim. Sie wußte eigentlich gar nicht genau, wie es dazu gekommen war.

Als sie an diesem Morgen erwachte, war ihr kalt und sie zitterte leicht; der Himmel hellte sich auf, und in der Dämmerung erloschen einer nach dem anderen die weit entfernten Sterne. Die Landschaft wurde in ihren Umrissen erkennbar, hatte aber keine Farbe. Sie rekelte sich müde und kletterte unter ihrem Felsen hervor – wie eine Kellerassel, dachte sie, und lächelte über diesen unschönen Vergleich. Unter ihr lag das Meer, so blaß wie der Himmel, milchig, erwartungsvoll, gewaltig. Sie wartete, geduldig und blaß wie die Steine zu ihren Füßen.

Als die Sonne hell aus dem Meer stieg, wurde die Welt wundersam mit Farbe übergossen. Wie aus sich selbst heraus, als Antwort auf die Sonne, jedoch nicht von dieser verursacht, wurde die trockene Erde goldbraun, das Meer und der Himmel zusammen blau und golden und rosa. Sie holte tief Atem, bewegte ihre Schultern hin und her, um ihre Steifheit abzuschütteln, und wurde, so plötzlich und überraschend, wie die Welt in Farbe eingetaucht wurde, von Glück übermannt; sie fühlte sich glücklich und frei. Sie nahm eine Handvoll getrockneter Früchte aus ihrem Beutel und stopfte sich ihren Mund voll; das harte Kauen bereitete ihr ein großes und einfaches Vergnügen. Dann brachte sie ihr Haar so gut sie konnte in Ordnung, drehte sich um, rechts von ihr die flimmernd blaue Ägäis und links von ihr die großen Berge von Makedonien und Thrakien, und nahm ihren Marsch nach Adrianopel wieder auf.

Beim Gehen lauschte sie in sich hinein und hielt inne. Aber ihre innere Stimme schwieg, so daß sie die ersten Vögel, den frühen Gesang der Insekten hören und das unhörbare Knistern von Felsen und Staub und Sträuchern, die von der Sonne erwärmt wurden, spüren konnte.

Später jedoch wurde ihr das Schriftwort gewährt: »Das ist der Tag, den der Herr gemacht hat; ich will jubeln und mich daran freuen.«

An so vielen Morgenden in den letzten zehn Jahren war sie an fremden Orten aufgewacht. Die Morgende waren für sie in vielerlei Formen und Farben angebrochen, und immer noch galt: Wer vermochte nicht zu jubeln, wen konnte das Aufbrechen von Hoffnung unberührt lassen, selbst wenn einen der Sonnenaufgang in einer Gefängniszelle überraschte? In Boston waren die Fenster mit Brettern vernagelt worden, um die frommen Bürger vor der Ansteckung durch ihre verhexende Gegenwart zu schützen, aber auch an diesem Ort, wo alles abgeschattet und verängstigt war, war der Morgen leise angebrochen, hatte seine Ankunft angekündigt, sich um jedes Hindernis geschlängelt und den Schrecken der Nacht vertrieben. Sie schob Boston schnell beiseite und lenkte ihre Gedanken hin zu besseren Zeiten, zu Morgenden auf den Barbados-Inseln, wo sich gleich mit dem Sonnenaufgang die Hitze einstellte, dunstig, stark duftend, kräftig; und nach Pontefract, wo sie nach dem Bild Christi geformt wurde, eine Prophetin, die wie er in ihrer eigenen Stadt verachtet wurde. Auch in Selby, in Cambridge, wo ihr die Ehre zuteil wurde, als erste der ›Freunde‹ ausgepeitscht, wie Christus gegeißelt zu werden; in York und in Virginia hatte sie den Sieg davongetragen, mit Vollmacht ausgestattet in einem Au-

genblick, den sie selbst erwählt hatte. Und hier, auf dem harten, trockenen Boden, ging sie nun, wo noch nie eine freigeborene Engländerin gegangen war.
Sie hatte nicht erwartet, daß sie das Land mit seinen Felsen und der Wüste so überaus angenehm empfinden würde. War es so in einem Heiligen Land? War der Erlöser in seiner Wüste vielleicht genauso umhergezogen wie sie jetzt? Hatte er wie sie gelächelt, wenn er die Eidechsen ängstlich und flink weghuschen sah?
Der gestrige Tag war anders gewesen. Gestern war ihr ein anderes Schriftwort gegeben worden:

Wenn Gott für uns ist, wer ist dann gegen uns? Was will uns trennen von der Liebe Gottes? Trübsal oder Bedrängnis oder Verfolgung oder Hunger oder Blöße oder Gefahr oder Schwert? Nein, in all dem obsiegen wir. Denn ich bin gewiß, daß weder Tod noch Leben, weder Engel noch Herrschaften, weder Gegenwärtiges noch Zukünftiges, noch Mächte, weder Höhe noch Tiefe, noch irgendein anderes Geschöpf uns zu scheiden vermag von der Liebe Gottes.

»Bei Paulus«, hatte sie die Stimme ihres weit entfernten Vaters vernommen, die Stimme ihres Vaters, die sie verraten hatte, »bei Paulus, Tochter, steht, daß eine Frau nicht das Wort erheben soll.«
Er hatte sie verraten. Oliver hatte sie verraten. Liebe, Hoffnung, Glaube hatten sie verraten. Die Vergangenheit, Paulus hatte die Vergangenheit vergessen, Vergangenes konnte einen von der Liebe Gottes trennen. Bis gestern hatte sie der Verrat von der Liebe Gottes getrennt.
»Ich erlaube einer Frau nicht zu reden«, hatte der kaltherzige Geistliche vor der ganzen Gemeinde gesagt. »Bruder, nimm deine Tochter mit nach Hause und lehre sie Respekt! Respekt vor dem Wort Gottes und den weisen Anordnungen der Kirche.«

Und noch auf dem Heimweg hatte sie geglaubt, daß er sie getreu seinen eigenen Worten in Schutz nehmen würde. »Ich bin ein freigeborener Engländer«, hatte er jeden Morgen gesagt, wenn er loszog, Arbeit zu suchen, die er nicht finden würde. »Ich bin ein freigeborener Engländer; ich verteidige die Freiheit meines Gewissens, und ich ziehe vor niemandem meinen Hut.«

Sie war mit Politik und Religion aufgewachsen. Denn ihr Vater hatte – unter Berufung auf die Bibel in seiner Hand und mit Blick auf die umstürzenden Bewegungen, die von Norden her angeweht kamen – seinen Hut vor niemandem gezogen und auch ihr nie erlaubt, einen Knicks vor irgend jemandem zu machen. Es schien nur eine Kleinigkeit zu sein, aber genau das war es, was sie von Anfang an mitbekam: daß sie in Freiheit geboren war und ihren Hut vor niemandem ziehen sollte. Es hatte auch anderes gegeben, lange Wortschwalle und laute Treffen, bei denen man die Bibel las, dann wiederum Gift und Galle spuckte. Es war nicht sehr friedfertig zugegangen bei der Errichtung des Staates Gottes. Aber Reden über Prädestination und Bundesschlüsse, über Abgaben und Prophezeiungen, Gebetbücher und Parlamente machen wenig Eindruck auf ein kleines Kind. Sie hatte das nicht verstanden; was sie verstanden hatte, war die Hartnäckigkeit, der unbeirrbare Stolz, mit dem ihr Vater seinen Hut auf seinem Kopf behielt und sie streng anschaute, wenn er sah, wie ihre Knie nur leicht schlotterten, ihr Kopf nur leicht nickte, wenn auf der Hauptstraße die geschminkten Huren aus den vornehmen Häusern vorbeizogen. Und so erlebte sie, während sie heranwuchs, wie ihn diese Verstocktheit seine Arbeit, seine Stellung, sein Wohlergehen und seine Freiheit kostete, aber nicht, o nein, sein glockenklares Bewußtsein von sich als rechtschaffen, als gerechtfertigt, als stolz und freigeboren.

Unaufhaltsam wie das Vordringen der Flut oder das Zunehmen des Mondes hatte er sich auf den Weg begeben, um sich Cromwells Armee anzuschließen, und das einzige Mal in seinem Leben, da sie Liebe in seinen Augen sah, war, als er den Namen Oliver aussprach.
Sie hatte ihm vertraut, und sie sah, wie er voll Freude fortzog, denn sein trotziger Stolz und seine Bereitschaft, für den Staat Gottes zu sterben, würden diesen herbeiführen. Aus seinem und ihrem Stolz würde das Königreich hervorbrechen, das Jahr des Herrn, die Zeit des Jubels; und ihr Land würde Beula genannt werden, weil es fruchtbar war, die Speere und Schwerter würden zu Sicheln und Pflugscharen geschmiedet, und jedes Kind des Höchsten Gottes würde unter seinem eigenen Baum voller Früchte sitzen, in Freiheit und Gleichheit.
Sie hatte ihren Vater geliebt. Sie hatte den Lordprotektor geliebt. »Oliver, Oliver«, hatten sie auf den Straßen gerufen und sie mit ihnen. Sie hatte das Licht des pfingstlichen Geistes auf seiner Stirn schimmern sehen, als er die Armee des Herrn unter dem Banner der Selbstbestimmung und dem Schlachtruf der Gewissensfreiheit aus den Sümpfen East Anglias führte. Ihr Vater war mit ihm marschiert, und sie hatte ihn in ihren Gebeten liebevoll bedacht.
Unter diesem glorreichen Banner und als Anführer frei geborener Männer war Cromwell nach Naseby geritten und hatte sich auf die Royalisten gestürzt wie die Wasser des Roten Meeres auf den Pharao und alle Pferde und Streitwagen der Ägypter. An jenem Tag hatte sich in England eine Welle erhoben, eine Welle der Freiheit, und eine Flutwelle von Blut war in die Wohnhäuser der Gotteslästerer eingedrungen. Eine Flutwelle, geschickt von Gott und erfüllt vom Heiligen Geist, so hatten das Heer und die Kinder der Freiheit

den Anbruch des Gottesreiches prophezeit und bejubelt.
Oliver hatte sie die Freiheit gelehrt. Er hatte sie in den Versammlungen gelehrt, wie das Wort Gottes zu begründen, zu verstehen sei, wenn es zur Herrschaft der Nation Gottes kommen sollte; er lehrte sie, wie sie aufrecht stehen und ihren Hut vor niemandem ziehen sollten. Dann verriet er sie.
Er benutzte sie, um das Parlament zu spalten, um den König abzusetzen und die Gebetbücher der Papsttreuen zu verbannen. Er benutzte sie, um sich selbst an die Stelle des Königs zu setzen, um die Rechte des Parlaments zu mißbrauchen und das Predigen der Presbyter durch Geldstrafen zu vereiteln. Er gewährte ihnen weder Selbstbestimmung noch Gewissensfreiheit und erklärte, das Land könne nicht von denen regiert werden, die weder Eigentum noch Einfluß hätten.
Oliver hatte ihren Vater in seinem Stolz getroffen und ihn geschlagen heimgeschickt. Oliver hatte ihn verraten; und er verriet sie.
»Ich erlaube einer Frau nicht zu reden«, hatte der kaltherzige Geistliche vor der ganzen Gemeinde gesagt. »Bruder, nimm deine Tochter mit nach Hause und lehre sie Respekt! Respekt vor dem Wort Gottes und den weisen Anordnungen der Kirche.«
Und noch auf dem Heimweg hatte sie geglaubt, daß er sie getreu seinen Worten in Schutz nehmen würde. Er trank den ganzen Abend mit düsterer Miene, und sie saß bei Tisch und wartete auf seine Worte. Spät, spät in der Nacht hatte ihr Warten plötzlich ein Ende. Er stand auf. »Ich will nicht, daß du mir Schande bereitest«, sagte er müde. Sie sagte nichts.
»Bei Paulus steht, daß eine Frau das Wort nicht erheben soll.«
Das tat sie auch nicht, aber auch sie stand langsam

auf, so daß sich beide in einigem Abstand genau gegenüberstanden.
»Du hast keinen Respekt«, sagte er mit seiner immer noch müden Stimme.
»Ich berufe mich auf die Freiheit meines Gewissens«, sagte sie ruhig. »So wie du mich gelehrt hast, ziehe ich meinen Hut vor niemandem.«
Daraufhin schlug er sie.
Am nächsten Morgen ging er beschämt hinaus, verließ das Haus vor Sonnenaufgang, während sie noch auf dem Fußboden lag. Später erhob sie sich, wusch sich so gut sie konnte, wechselte ihr zerrissenes Kleid und brachte ihre Haare in Ordnung. Dann ging sie fort und kehrte nie wieder zurück, weil sie wußte, daß ihre Liebe zu ihm sie selbst verraten würde, wenn er sie inständig bedrängen würde.
Bald darauf hörte sie Elizabeth Hooton predigen und schloß sich ›Den Freunden‹ an. Hier ließ man Frauen predigen und pochte gegen alle Fürsten dieser Welt auf Gewissensfreiheit. Man sah alle Menschen als freigeborene Kinder Gottes an und stellte niemanden an Ansehen über einen anderen.
In der Kraft des inneren Lichtes war sie eine Vagabundin geworden, die predigte und verkündigte – in York, in Selby, in Cambridge, in Boston, in Virginia, auf den Inseln der Karibik, auf Barbados.
»Ich werde geführt«, hatte sie auf der Versammlung in York erklärt, »ich werde dazu geleitet, wieder das Meer zu überqueren; ich habe einen klaren Ruf vernommen, mich aufzumachen und ihm zu predigen, den die Welt Sultan nennt, den Herrscher über die Heiden.«
Die Versammelten waren nicht sonderlich überrascht, warum auch? Sie zweifelten nicht an ihrem Ruf, so wie sie nicht an deren Ruf zweifelte, zu Hause zu bleiben. Sie halfen ihr bei den Vorbereitungen, so gut sie es

vermochten, und begleiteten sie mit Gebeten auf ihrer Reise.
Aber sie war nicht gerufen worden; sie war getrieben worden. Getrieben von dem Bedürfnis fortzugehen; vor allen Orten ihrer Kindheit und der Geborgenheit zu fliehen, niemandem und nichts mehr zu vertrauen aus Angst vor Verrat.
Gestern dann war ihr ein Schriftwort gegeben worden; und als sie den ganzen Tag allein gewandert war, in Zorn und Groll und Einsamkeit, hatte sie allmählich erkannt, daß Paulus in seiner Auflistung etwas ausgelassen hatte: die Vergangenheit; die Vergangenheit hatte sie von der Liebe Gottes getrennt. Sie wandte sich der Vergangenheit zu, und indem sie dies tat – wobei sie die Müdigkeit in der Stimme ihres Vaters hörte, die Traurigkeit über die Niederlage, den Verlust an Hoffnung, an Glauben, welche an sich schon den Verlust an Liebe mit sich bringen –, griff sie ihre Vergangenheit auf und erkannte, daß diese sie zu dem gemacht hatte, der sie war. Geführt und getrieben bedeuteten keine unterschiedlichen Wege; sie waren unterschiedliche Antworten. Wenn sie den Weg in Liebe und versöhnt gegangen wäre, wäre sie denselben Weg gegangen, den sie in Schmerz und Bitterkeit gegangen war – sie hätte bloß mehr Freude gehabt.

Der mit mir die Hand in die Schüssel getaucht hat, der wird mich verraten. Der Menschensohn geht dahin, wie von ihm geschrieben steht, wehe aber jenem Menschen, durch den der Menschensohn verraten wird!

Sie weinte um ihren Vater. Sein Schmerz war größer als ihrer. Sie vergab ihm. Letzten Endes war sie ja gerne eine Vagabundin.
Mit dieser neuen Einsicht brach sie in der Morgendämmerung auf; und während das Licht in die Welt

einströmte, dachte sie: Das ist der Tag, den der Herr gemacht hat; ich will jubeln und mich daran freuen.
Sie wanderte den ganzen Tag, bis sie schließlich den langen Abstieg hinunter in das große fruchtbare Tal antrat, in dem Europa und Asien aufeinandertreffen, und sie bedauerte, daß sie so viel Zeit damit vergeudet hatte zu hassen. Denn der Verrat hatte sie in dieses so liebliche Land geführt.
Wenige Wochen später begab sie sich in den großen Palast von Adrianopel und wurde die erste Christin, die dem Sultan predigte. Gerade als sie den Saal betreten wollte, reichte ihr ein Höfling einen Schleier und gab ihr zu verstehen, daß sie ihr Gesicht bedecken und vor jenem auf dem Boden knien müsse. Beinahe hätte sie gekichert, als sie das ablehnte und sagte: »Ich bestehe auf der Freiheit meines Gewissens, denn ich bin eine freigeborene Frau und ziehe meinen Hut vor niemandem.« Der Höfling schaute verwirrt und entsetzt, aber sie war voll Freude.
So blickte der Sultan, der gelassen und in Pracht auf seinen seidenen Kissen saß, zum ersten Mal in ein Augenpaar auf gleicher Höhe, das weder Furcht noch Verlangen zeigte, während sein Hofstaat mit verhüllten Gesichtern vor ihm niederlag. Er lächelte sie an. Er war erst achtzehn.

Wenn Gott für uns ist, wer ist dann gegen uns? Was will uns trennen von der Liebe Gottes? Trübsal oder Bedrängnis oder Verfolgung oder Hunger oder Blöße oder Gefahr oder Schwert? Nein, in all dem obsiegen wir. Denn ich bin gewiß, daß weder Tod noch Leben, weder Engel noch Herrschaften, weder Gegenwärtiges noch Vergangenes noch Zukünftiges, weder Mächte, noch Höhe noch Tiefe, noch irgendein anderes Geschöpf uns zu scheiden vermag von der Liebe Gottes.

Wir sind frei, erklärte sie ihm, wenn wir das glauben können und fortfahren in der Kraft des Lichtes in uns zu lieben. Der Schmerz liegt beim Verräter, nicht beim Verratenen.
»Ja, das ist wahr«, wiederholte er mehr als einmal – sofern der vorsichtige Dolmetscher ihrer beider Worte wirklich getreu wiedergab.
Wichtig aber war, daß sie ihr Lächeln teilten.

Margaret Clitherow

»Margaret«, »Margaret, Maggie«, »Maggie«, »Mutter«, »Madam«, »Meisterin Clitherow«, »Meg«, »Mama«, »Meggie«! Sie rufen sie aus dem Schlaf, und nur widerwillig kommt sie zu sich.
Margaret, Mutter, Maggie, Meg, und aus weiter Ferne, ganz entfernt, fast unhörbar – Maus, kleine Maus, Papas kleine Mausie Maus.
Sie ist gerade erst dreißig; sie ist noch jung, um so viele Namen zu haben, so viele Stimmen, die sie rufen. Sie wird keine weiteren mehr ansammeln.
Sie wecken sie, um ihr zu sagen, sie zu bitten, sie anzuflehen, vor Gericht Rede und Antwort zu stehen.

Jesus aber schwieg und gab keine Antwort.

Sie hat es noch nicht getan, sie will auch nicht, und sie hat es auch nicht vor: sich zu ihrer Verteidigung zu äußern. »Da ich mir nichts habe zuschulden kommen lassen, brauche ich auch keine Gerichtsverhandlung.« Daran hält sie fest gegen die Stimmen in ihren Träumen und gegen die wirklichen Stimmen. Es sind keine wütenden Stimmen, sie sind höflich, freundlich, hilfsbereit, liebevoll. Das macht es um so schwerer.
In den Märtyrererzählungen, in den historischen Berichten ist es immer ganz anders; es ist einfach, standhaft zu bleiben gegenüber einem gottlosen Kaiser, gegenüber einem wilden Soldaten, gegenüber einem Mann, der einem Gewalt antun will.
Aber hier!
»Meisterin Clitherow, Ihr müßt diesem Gericht Folge leisten«, sagt Richter Clinch, und dann, innehaltend, »... um Himmels willen, Maggie, stell dich dem Verhör! Bitte!« So würde kein Mächtiger, kein grausamer

Kaiser, kein böser Diener des Staates reden. So reden nur Freunde. Und das macht es sehr schwierig. Weil sie alle zusammengehören, sie und John und Richter Clinch und Richter Rhodes und all die anderen. Sie tanzten zusammen um den Maibaum; sie waren zusammen jung, jung und eine Stufe besser gestellt als die Mehrzahl der Bürger von York. Sie waren jetzt Richter, und John war Stadtkämmerer, und ihr Vater war Sheriff gewesen; und sie besitzen schöne Häuser mit schweren Holzbalken und weißem Anstrich und geschnitzten Treppen. Sie stand Mrs. Clinch bei, als diese den kleinen Jamie Clinch zur Welt brachte. Sie streichelte den Finger von Annie Clinch, als Annie ihn in der großen Wäschetruhe eingeklemmt hatte. Richter Clinch will nicht den Befehl geben, sie unter einem mit Gewichten beladenen Brett langsam zu Tode pressen zu lassen, die *peine forte et dure,* die Strafe für die Weigerung, sich einem Verhör zu stellen. Sie erwacht an diesem Morgen in dem kühlen Dunkel des Gefängnisses, weil Richter Clinch und Richter Rhodes ihr Zeit gegeben haben, ihre Meinung zu ändern – und all den Menschen, die sie lieben, noch eine Chance, sie umzustimmen.
Und sie kann ihn doch so gut leiden. Er ist ein guter Mensch, der gleich der Kraft des Brettes, mit dem sie zu Tode gepreßt werden soll, gegen eine Mauer des Gesetzes gedrückt wird. Sie ist versucht, versucht, ihm sein Leben leichter zu machen.
»Margaret!« Auch William will, daß sie sich verteidigt. Aus ganz anderen Gründen. Pater William, so weiß sie, und sie weiß es voller Mitgefühl, ist eifersüchtig. In Wirklichkeit hält er nichts von Frauen als Märtyrerinnen; sie sollen zu Hause bleiben und sich um Priester wie ihn kümmern, bis der Augenblick für deren Heldentod kommt, dann wenn sie ihren Glauben verteidigen. Deshalb ist der arme William in heller Aufre-

gung. Immerhin war sie seine Konvertitin; nicht katholisch von Geburt so wie er – und so erscheint es ihm nicht ganz gerecht, daß sie als Frau, als verheiratete Frau, als Ehefrau eines Protestanten, als Mutter einer glücklichen Schar von lebhaften, gescheiten, glücklichen Kindern, sich ungeachtet dessen vor ihm in den Himmel davonmacht. Aber wenn sie schon unbedingt Märtyrerin sein muß, so denkt Pater William, dann soll sie es auch richtig anstellen.
Sie sollte aussagen, sie sollte sich schuldig bekennen; sie sollte wie der selige Richard Thirkeld, der in Soutane und Barett vor Gericht erschien, einen großen, eindrucksvollen Disput führen und mit dem Dekan in ein Streitgespräch eintreten. Genau so sollte sie es machen: diesen Genfer Knaben in einer gelehrten und glanzvollen Darlegung der ruhmreichen Wahrheit die Torheit ihrer Wege aus den Schriften der Kirchenväter vor Augen führen. Dabei scheint ihm entfallen zu sein, daß sie, Margaret Middleton, Ehefrau von John Clitherow, Metzger und Stadtkämmerer, erst lesen gelernt hat, als sie das letzte Mal im Gefängnis war, und weder je ein Wort der Kirchenväter gelesen hat noch sich für sie interessiert. Jetzt ist er in Sorge, daß all ihre Bußübungen und Kasteiungen, die Eindeutigkeit der Anklage, ihr langes Strafregister wegen der Unterstützung von Katholiken und der Beherbergung von Priestern sowie das Beweismaterial gegen sie nicht ausreichen werden. Wenn sie sich nicht schuldig bekennt, wird sie wegen Widerstands gegenüber dem Gericht sterben, aber nicht um des Evangeliums willen. Wird sie dann aber eine Märtyrerin sein? Wird er dann der Seelenführer einer Heiligen gewesen sein? Das wäre eine Entschädigung dafür, daß es ihm nicht gelungen ist, festgenommen zu werden, daß er ihr erlaubt hatte, ihn eilig ins Priesterversteck abzuschieben und er sie und ihre schreckliche Familie dabei alleingelassen hat,

mit den Verfolgern fertigzuwerden. Er will, daß sie es richtig anstellt, es ist notwendig für ihn. Sie ist versucht, versucht, ihm seinen heftigen Wunsch zu erfüllen.

Jesus aber schwieg und gab keine Antwort.

»Meggie!« Ihre Mutter kann es nicht verstehen. »Du mußt doch vor Gericht Rede und Antwort stehen«, sagt sie wehleidig, »du mußt. Jeder sagt, daß du mußt.« Sie macht sich wieder Gedanken, immer noch, daß Margaret sich irgendwie nicht ordentlich benimmt, daß sie ihre Tochter nicht richtig erzogen hat. »Ich habe es versucht«, sagt sie jetzt zu Margaret,« ich habe es wirklich versucht.« Sie ist alt, aber ihr Gejammer ist immer noch durchdringend. »Ich habe dich ordentlich erzogen und gut verheiratet«, stöhnt sie, »habe ich dich nicht ordentlich erzogen?«
»Ja, Mutter«, sagt sie, ein wenig verzweifelt. »Es ist nicht deine Schuld, du hast mich so streng in der protestantischen Lehre erzogen, daß ich gar nicht ahnen konnte, daß es noch einen anderen Weg gibt, um Gott zu dienen.«
»Du solltest tun, was John dir sagt«, bittet ihre Mutter, »er ist ein guter Mensch. Ist er nicht wirklich ein guter Mensch? Armer John! Mit wie vielem er fertigwerden muß! Du solltest tun, was dein Mann dir sagt. John sagt, du sollst dich dem Gericht stellen. Es ist nicht recht gegenüber Mr. Rhodes. Es ist nicht recht mir gegenüber ... was werden die Leute sagen? ... armer John ... die Kinder ... ich, ich, ich ... es ist nicht meine Schuld ... ich habe dich erzogen, so gut ich konnte .... was würde dein Vater sagen?«
»Ich werde ihn im Himmel fragen, falls er dort ist.« Das sprach sie nicht aus. Sie biß sich auf die Lippen und versuchte, sich gegen das leise Wimmern und Jammern der alten Mutter zu verschließen. Ihr Vater war gestorben, als sie noch ganz klein war, und hatte ihr

als Erbe einen Silberbecher und sechs Silberlöffel hinterlassen. Wie konnte es dann von Bedeutung sein, was er jetzt sagen würde? Weit weg, an irgendeinem verlorenen Ort ihrer Traumwelt, kann sie seinen riesigen Körper riechen, das rauhe Kitzeln seines Bartes und seine feste Umarmung fühlen. »Wo ist meine Maus, meine kleine Mausie Maus?« dröhnte seine volle Stimme warm und kräftig durch das edle Fachwerk seines Hauses. Sie ist versucht, in diese Umarmung zurückzukehren, all das, was man sie zu ehren und achten gelehrt hat, gutzuheißen.
Es gibt noch eine Stimme, die sie wegzudrängen versucht. Sie versucht sich zu konzentrieren.
»Da ich mir nichts habe zuschulden kommen lassen, brauche ich auch keine Gerichtsverhandlung.«

Jesus aber schwieg und gab keine Antwort.

»Mutter«, William in Douai, Henry, den es dahin zieht; »Mama«, Anne, Klein John, Katherine. Sie bitten sie nicht, vor Gericht auszusagen. Sie bitten um nichts anderes, als daß nichts von alledem hier Wirklichkeit werde. Sie soll wieder heimkommen. Sie soll wieder lachen, ihr großes Haus soll wieder mit glücklichem Lachen erfüllt sein, während die Lehrlinge miteinander rangeln und die kleinen Mädchen necken; das Schulzimmer soll voll sein mit Kleinen, und im oberen Stockwerk soll irgendein armer, verängstigter Priester auf der Flucht, der dem Moor mit einem Husten entkommen ist, hinter den Vorhängen des großen Bettes seine Messe lesen und sich aufs Frühstück freuen. Es ist aufregend, wenn die Priester kommen; und die Jungen rutschen die langen Treppengeländer hinunter, und ihr Vater tritt in den Flur und ruft laut um Ruhe und nach seiner Frau; und sie kommt aus dem Schulzimmer gerannt oder der Vorratskammer oder dem Kinderzimmer, und die Kinder wissen, daß ihre

Eltern, obwohl sie in nichts einer Meinung sind, in Wirklichkeit in allem einer Meinung sind – in allen wichtigen Dingen: daß ein Haus warm und gastfreundlich sein sollte und ein Ort, wo man lacht und singt und sich gegenseitig hilft und miteinander kuschelt und wo man lernt und segnet. Sie glauben, daß sie noch alles aufhalten können, sie glauben, daß sie heimkommt und daß alles in Ordnung sein wird, aber sie sind zu jung, um zu wissen, daß es zu spät ist.
Die *peine forte et dure*. Sie werden davon Alpträume bekommen. Aber besser als die anderen Alpträume. Dieser Versuchung kann man leichter widerstehen.
Mm ... Mm ... mmmmm ... sagt das Kleine in ihr. Dasjenige, auf das sie nicht hören darf, dessen einzige Hoffnung sie ist, das nie eine Chance bekommen wird ... das einzige auf der Welt, das Johns Liebe von ihr abwenden könnte, weil sie mit ihrer Unbeugsamkeit auch sein Kind tötet.
»Meg!« Kein Märtyrer der Urkirche, kein Priester, der bei York Tyburn am Baum aufgehängt wurde, welcher das Tor zum Himmel bedeutete, kein Glaubenszeuge, über den sie je gelesen oder gehört oder für den sie gebetet oder zu dem sie gebetet hätte, hatte für seinen Glauben vor solch einem Richter Rede und Antwort zu stehen – Ehemann, Liebender, Freund, ein Mann guten Willens und von Güte und Leidenschaft und, ach, solcher Sehnsucht, voller Verlangen, voller Liebe: »Meg, mein lieber Schatz, bitte steh Rede und Antwort! Wir könnten dich vielleicht freibekommen. Wirklich. Meg, um unserer Liebe willen, mein liebes Kind, mein Vögelchen, mein Herzallerliebstes, um meinetwillen, stell dich dem Verhör!«

Jesus aber schwieg und gab keine Antwort.

»Da ich mir nichts habe zuschulden kommen lassen, brauche ich auch keine Gerichtsverhandlung.« Aber sie bringt es nur als Wimmern heraus, und dabei weiß sie, wie hart Jesu Stimme war, als er zu Petrus sagte: »Weiche von mir!« Es ist nicht der Zorn, es ist das Dahinschmelzen, das zarte Dahinschmelzen aus Liebe, das eine solche eindringliche Bitte zu einer derartigen Bedrohung für ihren unbeugsamen Willen werden läßt. Sie versucht ihn zu überzeugen, daß er unrecht hat, daß sie sowieso sterben wird, aber er ist so voller Leben und Hoffnung und Ehrgefühl.

»Wir haben dich letztes Mal auch freibekommen.«

»Für mich wird noch gebürgt ... Nichtteilnahme am Gemeindeleben, das ist nur eine Kleinigkeit. Aber die Meßgefäße, John, die haben sie gefunden. Ach, dieser arme Junge, John, sei lieb zu ihm!«

»Sie haben ihn bedroht. Es war eine Aussage unter Androhung von Gewalt. Das ist nicht erlaubt. Und er ist Flame, sie haben ihn bedroht, und er konnte sie doch nicht richtig verstehen. Das will ich vorbringen. Sie wollen's nicht, die Richter, sie wollen dich nicht verurteilen, Meg; gib ihnen eine Chance! Plädiere auf nicht schuldig, und wir haben noch eine Chance. Du mußt!« Er legt seine Hand auf ihren Leib. Er will das Baby nicht erwähnen, er ist zu aufrichtig und anständig, um es zu benutzen, aber er kann seine liebende Hand, seinen Wunsch, sie und das Kind in ihr zu berühren, nicht zurückhalten.

»Jetzt bin ich dran, Meg. Alles, alles, was du wolltest, habe ich getan. Mein Haus voll von Kriminellen, mein Bett freitags leer und Hausfrauen, die das Fleisch anderer Metzger vorgezogen haben. William ist nach Douai gegangen, und Henry wird auch gehen, und Anne wird Nonne, vermute ich mal, aber sei bitte gerecht, du mußt auch etwas geben. Deine Kirche kann das nicht von dir verlangen.«

»Es wird nicht gehen, Johnnie«, sagt sie sanft, wobei sie sich an ihn lehnt. »Es wird nicht gehen, weil ich dann nicht ich selbst wäre.« Sie weiß jetzt – denn das Gebet hilft einem wirklich, die Wahrheit zu erfahren –, daß sie mit neunzehn Katholikin wurde, weil sie etwas wollte, das ihm nicht gehörte, sie wollte etwas für sich selbst; aber sie hatte nie gewollt, daß dies zwischen ihnen stünde. Sie wußte nicht, daß es sie zu dem machen würde, der sie war, daß sie, wenn sie nun zurückschreckte – obwohl sie all das weder gesucht noch gewählt hatte –, dadurch keineswegs zu der Frau würde, die er liebte, vielmehr zu einer anderen. Priestern Unterschlupf zu gewähren war ein schweres Verbrechen, Verrat. Darum ging es nicht, es war einfacher. Sie mußte sich selbst treu bleiben, so daß sie sich bei ihm anlehnen und ausweinen konnte, weil sie ihm dieses eine nicht geben konnte, diese Kleinigkeit, um die er bat, er, der doch um so wenig bat; sie konnte es ihm nicht geben und gleichzeitig diejenige sein, die, obwohl er ein starker und guter Mann war, bittende Tränen in seinen Augen aufsteigen ließ.

Dieser harte Kern ist es, der zwischen ihnen steht. Wenn sich zwei Menschen in einer Welt, die es ihnen nicht gestattet, als Gleiche begegnen, muß jeder von ihnen einen eigenen harten Kern haben. Sie weiß das. Sie kann es ihm nicht erklären, weil er es nicht verstehen wird. Sie kann nur der Weisheit ihres Herzens folgen, glauben, daß sie durch die Wahrheit gerettet wird, und hoffen, daß sie durch Gottes Gnade gerettet wird, obwohl die Priester anderer Meinung sind.

»Warum?« fragt er schließlich. »Warum stellst du dich nicht dem Verhör?«

»Ich kann nicht von den Kindern, den Mägden, den Lehrlingen verlangen, gegen mich auszusagen, und ich kann auch nicht von ihnen verlangen, einen Meineid zu leisten. Es ist ganz einfach. Das kann ich ihnen nicht antun. Es würde ... es würde ... sie verderben. John, erinnerst du dich...?«

Das tut er, und er versteht. Als sie jung waren, noch vor ihrer Heirat, hatten sie einen Hexenprozeß gesehen. Und die Tochter der Hexe hatte Zeugnis gegen ihre Mutter abgelegt. So viel Schmerz, so viel Schmerz in beider Gesichtern. Und drei Wochen später, als sie verliebt am Flußufer spazierengingen, hatten sie die Tochter gefunden, das Gesicht aufgedunsen vom Fluß, tot durch eigene Hand, tot und verdammt, so daß sie sich auch als Hexe hätte ausgeben können und so nicht den Schmerz des Verrats hätte kennenlernen müssen.

»Ich kann nicht, John. Ich liebe sie. Du warst nicht im Haus, und du kannst nicht gegen deine Frau aussagen. *Sie* werden es tun müssen, und ich kann nicht. Ich werde mich keinem Verhör stellen.«

Er schaute verlegen weg. Er hatte nicht mit so viel Liebe gerechnet. Es gibt eine Härte in ihr, es hatte sie immer gegeben, aber durch ihr Büßen und das papistische Getue und die Kasteiungen ist diese nur noch verstärkt worden. Aber Härte ist nur eine andere Bezeichnung für eine ungeheure Sanftmut, ein Umsorgen, welches ihre ganze Dummheit und Unbeugsamkeit zu einem Geschenk für ihn werden läßt.

Er ist nicht ihrer Meinung, aber er stimmt ihr zu, wie er es immer getan hat, nicht weil er schwach ist, sondern weil er in ihr eine Kraft erkennt, die, wollte man es anders sehen, dieses zu einer Beleidigung werden ließe. Er betrachtet sie bedächtig und muß dabei fast wie ein kleiner Junge grinsen, der mit einem gestohlenen Bonbon im Mund erwischt wurde: »Weil du dir nichts hast zuschulden kommen lassen, brauchst du auch keine Gerichtsverhandlung.« Dann fügt er nach einer Weile traurig hinzu: »Ich werde es ihnen nicht sagen, Meg. Wenn du so etwas für sie leisten kannst, dann kann auch ich für sie schweigen.«

»Danke«, sagt sie.

Danach lacht er, weil jetzt alles besprochen ist, und sagt: »Du wirst mir beizubringen versuchen, daß du nur deshalb eine so gute Mutter bist, weil Maria gekommen ist und es dir beigebracht hat.«
Auch sie lacht und sagt: »Ich werde heute vor Gericht unmöglich zu ihnen sein. Ich werde versuchen, sie aufzuregen. Ich will, daß es heute passiert.«
Er schaut bestürzt, weil sie so offen spricht.
»Warum?« fragt er.
»Dieser Freitag«, sagt sie, »ist mein Tag. Wie oft, wie oft in der ganzen Geschichte fallen die Verkündigung des Herrn und der Karfreitag auf ein und denselben Tag? Am 25. März im Jahr des Herrn fünfzehnhundertsechsundachtzig. Gott sei gedankt, ich bin eines solch guten Todes nicht würdig.«
»Das ist ein feiner und schöner Gedanke, Meg, mein Liebling,« sagt er und bemüht sich dabei, nicht über die Unschuld des Kindes zu weinen, das in den Himmel kommt, der sich ihm auftut; er strengt sich an, in ihr perlendes Lachen, ihre goldene Freude einzustimmen. »Ein guter Gedanke, sag das auf jeden Fall in deinem Schlußwort.«
Und weil sie ihn liebte, geschah es so.

Perpetua und Felicitas

Vibia Perpetua ist zweiundzwanzig Jahre alt. Sie stillt gerade ihr erstes Baby. Wenn es schreit, reagieren ihre Brüste darauf wie durch ein Wunder, was ihr einerseits gefällt, andererseits aber lästig ist. Er ernährt sich von ihrem Körper, und er gibt ihr das auch zu verstehen. Wenn sie mehrere Stunden von ihm fort ist, werden ihre Brüste hart und schwer, ja sie schmerzen. Er braucht sie, und deshalb braucht sie ihn, das hat er ihr zu verstehen gegeben. Wenn sie ihn stillt, fühlt sie ein eigenartiges Prickeln, sobald die Milch fließt, und sie beobachtet entzückt, wie seine Lippen gierig und voller Liebe saugen. Sie liebt ihren Sohn, ignoriert ihren Mann, achtet ihre Mutter und haßt ihren Vater. Sie ist schön, von edler Abkunft, sehr sprachgewandt und hochgebildet. Sie ist es gewohnt, bewundert zu werden und ihren Willen zu bekommen; aber trotzdem hat sie oft Angst. Wenn sie Angst hat, wird sie redegewandter als sonst, weil sie ihre Furcht – die sie verabscheut – mit einer Lebhaftigkeit und Sicherheit überspielt, die andere überzeugend finden. Wer sie mag, wird behaupten, daß sie ein angeborenes Talent zum Führen hat oder wie schade es ist, daß sie als Mädchen auf die Welt gekommen ist. Wer sie nicht mag, wird behaupten, daß sie ein verwöhntes Gör oder eine rechthaberische Angeberin ist. Als sie erfährt, daß die Bühne für ihr eigenes Martyrium frei ist, findet sie zu Recht, daß sie sehr jung zum Sterben ist, aber auch zu Recht, daß sie in der Arena umwerfend aussehen wird.

Felicitas ist anders. Felicitas ist schweigsam. Schweigsam und mürrisch. Eigensinnig. Es gibt einen Punkt, zu der Überzeugung ist sie gekommen, wo Worte unmöglich sind, wo andere diese in Beschlag nehmen und einem selbst keine mehr übriglassen. Es gibt einen Punkt, wo nur noch ein mürrisches Wesen hilft, nur noch Schweigen sich bezahlt macht; wo das schmollende Kind sich gegen die erwachsene Frau durchsetzen muß. Die erwachsene Frau hat gelernt, daß man sich bemühen und *ihnen* gefallen muß. Aber schließlich kommt man an einen Punkt, wo die erwachsene Frau sich auf die stumme Kraft des schmollenden Kindes verlassen muß, das weiß, daß *sie* einen anschreien können, daß *sie* einen schlagen können, daß *sie* bestrafen und einen sogar töten können, aber daß *sie* einen nicht zwingen können, zuzustimmen, zu gehorchen. *Sie* können einen nicht zum Lächeln zwingen. Es gibt einen Raum, eine Zeit, wo man bloß in grimmigem Schweigen vor sich hin brütet, nicht antwortet, nicht zu erklären versucht, nicht reagiert, sondern einfach in der unbeweglichen Schwerkraft des eigenen Schweigens lebt. Das wird ihr genügen, genau das, und es wird ihr ein und alles sein.

Felicitas ist schwanger mit einem Kind, das sie nicht will. Sie ist aus ihrem Sklavenstand herausgetreten, um ihre eigene Freiheit, an einen Gott zu glauben, vor dem es weder Sklaven noch Freie, weder Mann noch Frau gibt, kundzutun. Es hat einer gewaltigen Anstrengung bedurft, die neue Möglichkeit in Anspruch zu nehmen. Sie begibt sich in ihre Gefangenschaft als jemand, der bereits erschöpft ist, ausgelaugt durch Sklaverei, Schwangerschaft und Freiheit. Sie muß sich bis ins Innere ihres eigenen Schweigens verkriechen und sich dort selbst umarmen. Etwas anderes bleibt ihr nicht.

Die Geschichte der beiden ist im Grunde ganz einfach. Sie fanden etwas, hörten es im Stimmengewirr auf dem Marktplatz, in den leisen philosophischen Gesprächen, in den Liedern der Männer und Frauen am

Brunnenrand, in der Nervosität der römischen Beamten. Ein warmer Wohlgeruch auf einem sanften Windhauch aus dem Osten, woher die Wahrheit meist kommt; er wirbelte den Sand der Wüste auf, die sich nach Süden bis zur Sonne erstreckt, und flüsterte ihnen etwas zu, dessen sie bedurften. Zunächst leise, dann aufgeregt rufend, suchten und fanden sie eine Gruppe von Menschen, die entflammt und in ihrem ganzen Wesen erfüllt waren von dem Wissen, daß Gott sie bei ihrem Namen gerufen und sie befreit hatte und sie an sich und seinem Leib teilhaben ließ ohne Rücksicht auf die Person. Trotz aller Zweifel und Warnungen schlossen sie sich diesen Gruppen an. Sie nannten sich Christen. Sie fingen an zu begreifen, was das bedeuten konnte.

Sie werden zusammen mit anderen Katechumenen – anderen Christen, die sich auf die Taufe vorbereiten – während der Verfolgung durch Septimus Severus, der neue Übertritte zu diesem unbequemen Glauben verboten hat, verhaftet. Deswegen unterliegen die Katechumenen, und nur sie allein, der Todesstrafe. Ziemlich raffiniert; und ein Beispiel für römischen Pragmatismus, der zwar die Religionsfreiheit vertritt, aber nicht fertigwerden kann mit einer Sekte, die über das Imperium lacht. Also werden sie, zusammen mit anderen, festgenommen, eingekerkert, vor Gericht gestellt, für schuldig befunden und bis zur Verurteilung zum Warten gezwungen. Das Warten dient dazu, ihnen eine Gelegenheit zu geben, ihre Ansichten zu ändern. Erstaunlicherweise ist eine Widerrufung für alle jene, die durch die aufrührerischen Lehren dieser Sekte angelockt werden, eine noch bessere Abschreckung als eine Verfolgung.

Niemand von der Obrigkeit will, daß sie getötet werden: Christen sorgen in der Arena gewöhnlich für wenig Unterhaltung, sie sind tapfer, aber passiv, sie sorgen nicht für den notwendigen Nervenkitzel, weder den des Entsetzens noch den des mutigen Kampfes. Jedenfalls gibt es eine Reihe besserer Gladiatoren. Sie werden in dunkle und ungemütliche Zellen gesteckt, etwas zu dicht gedrängt und leicht unterernährt, und ihre Familien werden aufgefordert, sie zu besuchen, ihnen von den Freuden des Lebens zu erzählen und dafür zu sorgen, daß sie sich dumm und schuldig vorkommen, weil sie all denen, die sie lieben, solchen Schmerz zufügen. Manchmal funktioniert das auch, obwohl es sich bald herausstellt, daß es bei dieser speziellen Gruppe von Katechumenen nicht möglich sein wird.

Perpetua führt ein Tagebuch. Es ist nicht ganz ehrlich. Sie weiß, daß es erst nach ihrem Tod gelesen wird, erst nachdem sie eine Märtyrerin und Heilige der Kirche geworden ist. Es wird ein Testament ihrer Leidensgeschichte sein; es wird in den kleinen Gemeinden entlang der Mittelmeerküste und oben in Griechenland und den Inseln, vielleicht sogar in Jerusalem gelesen werden. Sie ist sich dessen so genau bewußt, daß sie, obwohl sie ehrlich sein will, nicht umhin kann, sich in einer besonderen Weise darzustellen, um wie eine Märtyrerin und Heilige der Kirche zu erscheinen. Sie weiß beispielsweise, daß sie zu ihrem Vater nicht mit eben jener unerschrockenen Bestimmtheit, jener anmaßenden Dreistigkeit, jenem feinen Verstand gesprochen hat, wie sie es aufschreibt. Sie weiß, daß, als man ihren Sohn fortnahm, ihre Brüste schmerzten und tropften und ihre Tunika befleckten, bis Felicitas sie mit einem langen Kopftuch aus Leinen hochband. Sie weiß nicht, ob das Kind die ganze Nacht hindurch schrie und wimmerte und seine Lippen verzweifelt nach der Brust suchten, die es nicht finden konnte. Aber irgendwie merkt sie, daß ihr weinerliches Schmollen und die feuchten, klitschigen Lappen vor-

ne auf ihrer Brust ihrer Erzählung nicht die gewünschte Richtung geben. Sie will, daß ihr trauriges Ableben irgendeinen Zweck hat, und dieser wird darin bestehen, die Christen im ganzen Imperium, die an ihren Schwierigkeiten beim plötzlichen Abstillen nicht besonders interessiert sein werden, zu erbauen.
Sie läßt auch Dinge aus, wenn sie diese nicht ganz verstehen kann: Sie war entsetzt, als die anderen mit Felicitas einig waren, für vorzeitige Wehen zu beten. Perpetua ist, trotz allem, eine Tochter der herrschenden Elite, sie glaubt fest, daß Kinder kostbar sind und die Zukunft bedeuten – auch die Kinder von Sklaven. Sie glaubt fest, daß Felicitas nicht das Recht hat, das Leben ihres Kindes aufs Spiel zu setzen, nur um Märtyrerin zu werden. Insgeheim ist sie schon stolz darauf, daß das Imperium so zivilisiert ist, daß es keine Schwangeren in die Arena schickt. Noch lieber wäre es ihr allerdings, wenn sie die einzige Frau in dieser Gruppe von Gefangenen wäre.
Außerdem findet sie den ganzen Vorgang ziemlich vulgär: lautes Beten und eine bestimmte Menge an Wein, Öl und Brechmitteln, danach in aller Öffentlichkeit jene furchtbar schmerzhaften Wehen, während die Wachmannschaften lachen und die Mitgefangenen laut Ratschläge erteilen, die sie nur in Bordellen und Kneipen haben erfahren können. Und als sie sich schließlich aufrafft und einem Sklavenmädchen die Hilfe einer Frau anbietet, wird sie zurückgewiesen. Felicitas, stöhnend und schweißüberströmt, wendet ihren Kopf ab, stößt Perpetua zur Seite und klammert sich an die Hand von Saturninus, einem nach Perpetuas Ansicht riesigen, plumpen, feigen Mann, und klemmt sich ein Stück von seinem Hemd zwischen ihre Zähne.
Sie hat außerdem das starke Gefühl, daß Felicitas sie nicht mag, daß Felicitas durch sie hindurchsieht und

womöglich tief in ihrem mürrischen, kleinen Herzen ganz schön über sie lacht, über sie, Vibia Perpetua. Sie weiß, sie sollte das mit Demut oder mit Heiterkeit ertragen können, aber sie kann es nicht. Also werden diese Dinge nicht in Perpetuas Tagebuch aufgeschrieben, obwohl sie weiß, daß sie es tun sollte. Sie weiß einfach nicht, wie sie es aufschreiben soll.

Aber was die Träume betrifft, die außergewöhnlichen und gewaltigen Träume, so ist sie ehrlich. Wie ihre Gefährten weiß sie, daß die Träume nicht dem Träumer, sondern Gott gehören. Es sind Engelsbotschaften, und sie schreibt sie mit Sorgfalt auf.

Sie geht im Himmel umher, neben dem großen Brunnen. Sie umarmt ihren geliebten kleinen Bruder, den Sohn, der starb und sie bei ihrem Vater als Ersatz zurückließ. Sie hat ihn geliebt, und er ist gestorben, und jetzt wartet er im Himmel auf sie.

Sie zieht sich nackt aus, so wie *er* ausgezogen wurde, und besteigt eine gefährliche Leiter, wie *er* es tat. Ihre Gefährten stehen um sie herum und nehmen ihre Kleidung in Empfang, sie ölen und cremen ihren Körper für den großen Kampf ein. Jetzt ist sie zu einem Mann geworden, einem Kämpfer, einem Helden; sie macht sich auf, um mit einem großen ägyptischen Höllenungeheuer zu kämpfen; über dieses erhebt sie sich hoch in der Luft und erschlägt es mit ihren Fersen und tanzt auf seinem zerborstenen Schädel, und eine große Freude entsteht und alle wissen, daß sie auserkoren und für würdig befunden wurden, ihrem Herrn darin nachzufolgen, Zeugnis abzulegen, nachzufolgen im Leiden und im Tod. Sie schreibt ihre Träume mit großer Genauigkeit auf und bemüht sich, nicht einfach bloß Worte, sondern die damit einhergehenden Gefühle wiederzugeben. Selbst hier weiß sie, daß es ihr nicht ganz gelingt, aber sie macht weiter, weil es wichtig ist.

Seit drei Wochen sind sie schon im Gefängnis. Perpetua und Felicitas knien Rücken an Rücken im Dunkeln, während man ihnen alles wegnimmt. Ihre Kinder werden ihnen weggenommen: Perpetuas Kind von ihrer kindisch vernarrten Familie, das von Felicitas von den lieblosen Aufsehern. Das einzige, das Perpetua wirklich liebte, das einzige, das Felicitas wirklich haßte. Außer der Finsternis gibt es nichts in dem neuen Raum. Es gibt dort nichts außer ihrer gegenseitigen Abneigung. Nein, nein, sie wollen nicht, sie wollen ihre Abneigung nicht aufgeben. Sie wollen keinen Schritt aufeinander zugehen. Es ist ihr letzter Anspruch, ihr letzter Widerstand, ihr letztes Privileg. Das Privileg, sich nicht miteinander abzugeben, sich nicht einzulassen auf die Unterschiede, das Unausgesprochene und Unvereinbare hinsichtlich ihrer Klasse, ihrer Lebensziele sowie ihrer Sehnsüchte. Sie widersetzen sich. Sie weigern sich. Perpetua träumt ihre Träume und offenbart ihre Visionen. Himmel und Hölle stehen ihr jetzt offen, und ihre Gefährten empfangen ihre Gaben mit Dankbarkeit. Sie weiß, daß Felicitas damit nichts zu tun haben will, daß Felicitas ihren eigenen schweigsamen Weg geht, nicht singend und tanzend und spielend, sondern indem sie sich verschließt, um zu ertragen und zu ertragen und zu ertragen. In gleicher Weise klammert sich Felicitas an ihre eigene Verschwiegenheit; sie weiß, daß Perpetua sich fürchtet, schreckliche Angst hat, sie weiß, daß Perpetua sich an ihre Träume und ihr gesellschaftliches Ansehen klammert, um dieser Angst nicht ins Auge sehen zu müssen; und sie haßt sie, sie haßt deren Aufgewecktheit und Saumseligkeit, sie haßt deren natürliche Autorität und deren Wissen. Sie haßt deren Schönheit und Intelligenz. Sie klammert sich an ihr Schweigen und ihren Haß, und keine wird der anderen beistehen.
In der Nacht vor ihrem Tod verändert sich etwas. Ge-

naugenommen beginnt es mit einem Scherz. Saturninus gesteht, plötzlich, unerwartet, so wie ein Kind, daß er sich vor Bären fürchtet. Er ist voller Angst und Entsetzen, verliert die Besinnung und zittert am ganzen Körper. Er weiß ganz genau, daß er nicht tapfer sterben kann, wenn er gegen einen Bären antreten muß. Was kann er tun? Sie beten um einen Leoparden für ihn. Sie beten nicht bloß darum, daß es kein Bär ist, sondern ganz besonders um einen Leoparden. Um seines Seelenfriedens und ihrer Ehre willen bitten sie Gott, ihn doch durch eine gesprenkelte Katze umkommen zu lassen. Und darüber müssen sie lachen.

Irgendwo inmitten dieses Gelächters, bei aller Albernheit und Traurigkeit der Situation finden sich Perpetua und Felicitas. Weil es um nichts mehr geht oder weil es um alles geht. Oder um beides.

Am nächsten Morgen ziehen sie als Freundinnen in die Arena ein, Hand in Hand, vereint in Liebe und Siegesfreude. Sie singen, und es sind Lieder von Freiheit und Freundschaft. »Wir sind bereitwillig hierher gekommen«, erklärt Perpetua für sie beide; sie hat diese Rede seit drei Wochen in ihrem Kopf eingeübt. »Wir sind bereitwillig hierher gekommen, damit unsere Freiheit nicht verborgen bleibt.« Wir sind frei, sagt sie, wobei ihre von den Geburten gezeichneten, Milch absondernden, tropfenden Frauenkörper bei der gaffenden Menge für eine unliebsame Unruhe sorgen. »Freiheit und Unabhängigkeit, das ist es, dem wir unser Leben geweiht haben. Das ist unsere Erfüllung des Gesetzes.«

»Wir sind bereitwillig hierher gekommen, damit unsere Freiheit nicht verborgen bleibt.«

Freiheit, Felicitas weiß es, sagt es aber nicht, Freiheit besteht aus Stimmen, die erstickt wurden, und Blut, das vergossen wurde. Freiheit schmeckt nach Leid.

Die Tiere sind auf das Töten vorbereitet: Bären – nicht jedoch für Saturninus, der singend durch einen wun-

derschön gesprenkelten Leoparden getötet wird – Bären und Wildkatzen und Eber. Und eine tollwütige Kuh für die Frauen. Die rasende Kuh schleudert sie hin und her, aber indem sie sich an den Händen halten, helfen sie sich gegenseitig auf die Beine. Das ist Liebe, Liebe und Freiheit, singen ihre schwer zugerichteten Körper, das ist eine Liebe, die uns niemand nehmen kann. Perpetua ist innerlich so erregt und in Ekstase, daß sie nicht einmal bemerkt, wie ihr Fleisch vom Horn der Kuh aufgerissen wird. Felicitas lächelt. Nun, da sie an diesen neuen Ort gekommen sind, findet es Felicitas komisch und fast rührend, daß Perpetua sich immer noch für Ekstase begeistern kann.
Schließlich werden sie, immer noch singend, zu dem Platz geführt, wo sie getötet werden sollen. Sie geben sich einen Kuß, den Friedenskuß, aber für die beiden ist er ein Kuß aus Liebe und voller Vorfreude.
Ihre Kehlen werden durchgeschnitten.
Felicitas, unbeugsam bis zum Tod, willigt ein zu sterben.
Perpetua, leidenschaftlich bis zum Tod, besteht darauf, daß sie ihren unfähigen Vollstrecker bei seiner Tätigkeit unterstützen darf. Mit ihren feinen, gepflegten Fingern zeigt sie die Stelle genau an, wo der Mann mit seiner Axt hinzielen soll. Im allerletzten Moment, das weiß sie, wird sie nicht auf Felicitas' abgetrennten Kopf, auf Felicitas' immer noch zuckenden Rumpf schauen können, also muß sie reden. Für den armen, jungen Vollstrecker ist es eine Qual, und sie erkennt das ohne Schuldgefühle. Ihr letzter Wunsch besteht darin, tapfer genug zu sein, die Schmach des zu dieser Tat verpflichteten jungen Mannes nicht noch übertrumpfen zu müssen, tapfer genug, sich nicht hervortun zu müssen. Selbst dafür ist es zu spät.
Es ist vollbracht. Sie verbluten im heißen Sand des Zirkus.

Alle fünf Frauen dieses Kapitels sind wirkliche historische Gestalten.

Lady Godiva lebte in Coventry zur Zeit der normannischen Eroberung – sie und ihr Mann werden im Domesday Book erwähnt –, und ihr heute legendärer Nacktritt durch die Stadt mit dem Ziel, für die Bürger einen Abgabenerlaß zu erringen, wird schon für 1150 bezeugt. Ihr Testament enthält im übrigen den ersten Hinweis auf den Rosenkranz in England.

Radegunde (518-587) verließ ihren selbst für das sechste Jahrhundert außergewöhnlich brutalen Mann, den Frankenkönig Chlothar, und gründete das Kloster des Heiligen Kreuzes in Poitiers. Es wurde berühmt als Zentrum der Gelehrsamkeit und der Geisteswissenschaften.

Mary Fisher wurde 1623 geboren; 1652 trat sie der Vereinigung der ›Freunde‹ (der Quäker) bei, die um 1646 von George Fox und Elizabeth Hooton gegründet worden war. Sie wurde schnell eine anerkannte Predigerin, die in England, Boston und der Karibik wirkte und sich schließlich auf ihre lange Reise begab, um vor dem Sultan des Ottomanischen Reiches, Mohammed IV., zu predigen. Nach ihrer Rückkehr nach England heiratete sie; verwitwet heiratete sie ein zweites Mal und wanderte nach Carolina aus; sie wirkte bis ins hohe Alter.

Margaret Clitherow (1555/56–86) gehört zu den drei Frauen der ›Vierzig Märtyrer von England und Wales‹, die 1970 heiliggesprochen wurden. Die Anklage gegen sie lautete, sie habe katholischen Priestern Unterschlupf gewährt, was unter Elisabeth als Schwerverbrechen galt. Ihre Weigerung, sich überhaupt einer Gerichtsverhandlung zu stellen, weil sie nicht wollte, daß ihre Kinder und Bediensteten gezwungen waren, gegen sie auszusagen, bedeutete, daß sie automatisch der ›*peine forte et dure*‹ unterworfen wurde – dem langsamen Zu-Tode-Pressen unter einem schweren Brett. Diese Strafe für Verweigerung der Teilnahme am eigenen Prozeß wurde in England bis 1741 verhängt. 1772 wurde das Gesetz geändert, so daß jemand, der sich dem Gericht verweigerte, als schuldig angesehen und entsprechend bestraft wurde. 1826 ordnete ein Gesetz an, daß ein Gefangener, der sich dem Gericht verweigerte, außer bei Geisteskrankheit, so zu behandeln war, als hätte man auf ›nicht schuldig‹ plädiert; der Prozeß verlief in der üblichen Weise. Margarets Mann war und blieb Protestant, erlaubte aber seiner Frau die freie Ausübung ihres Glaubens.

Perpetua und Felicitas wurden im Jahre 203 n. Chr. in Karthago zu Tode gemartert. Perpetuas Bericht über ihre Gefangennahme, Kerkerhaft und ihre Visionen wurde, zusammen mit einer angefügten Schilderung ihrer Hinrichtungen in der Arena unter dem Titel *Die Leidensgeschichte von Perpetua und Felicitas* zu einem wichtigen Dokument der frühen Kirche; heute bietet es uns einige der frühesten Informationen über die Lebenspraxis von Christen in der nachapostolischen Ära und macht uns mit einer starken und persönlichen Stimme einer frühen Christin vertraut. Perpetua und Felicitas wurden im vorkonziliaren Ritus der römisch-katholischen Messe namentlich erwähnt.

Ich und mein Engel

Triumphaler Einzug

Letztes Wochenende ging ich spazieren. Es war wirklich ein sehr langer Spaziergang. Ich hatte auch einen ziemlich langen Spaziergang vorgehabt, aber eins meiner Probleme im Leben ist, daß ich mich generell allzu leicht begeistern kann. Ich muß sagen, ich glaube, das ist einer meiner eher liebenswerten Charakterzüge, obwohl dem nicht jeder zustimmen würde. Meine Familie stimmt dem jedenfalls nicht zu. Als ich fragte: »Wie wär's mit einem netten, langen Spaziergang heute nachmittag?« wurde mein Vorschlag irgendwie negativ aufgenommen. Eigentlich total negativ; also ging ich allein spazieren.

Aber ich unterschätzte die Strecke und schaffte es dann irgendwie auch noch, mich zu verlaufen; ich war ziemlich müde, überhaupt trug ich keine richtig vernünftigen Schuhe, und das Wetter war nicht sehr freundlich. Und gerade in dem Moment, als meine Stimmung auf den Nullpunkt zu sinken begann, trat mein Schutzengel in Erscheinung.

Klar, das hätte ich wissen sollen. Das ist absolut typisch. Du sitzt in der Kirche herum und betest stundenlang wie verrückt und hörst keinen Pieps von ihnen. Du stehst extra früh auf, um genau den Rock zu waschen und zu bügeln, den deine Tochter plötzlich unbedingt für die Schule haben *muß*; und wenn deine Söhne fragen, wo ihre Socken sind, unterdrückst du die spitze Bemerkung, daß sie wahrscheinlich genau dort sind, wo sie sie hingelegt haben.

Was ich sagen will, ist, daß du hierbei selbstlos und lieb und mütterlich und gut bist. Und erscheint nun dein Schutzengel, um diese Tugend wahrzunehmen oder sogar um dir zu gratulieren? Nein, ganz und gar

nicht. Oder zumindest tut es *meiner* nicht – sie versteckt sich heimlich und wartet auf den Moment, wo mein feuchter Schuh gerade eine Blase an meine Ferse reibt und es abzusehen ist, daß ich trotz meiner Versprechungen nicht rechtzeitig nach Hause kommen werde, um mit meinem jüngsten Sohn einen Trainingsanzug kaufen zu gehen; dann, ja *dann* überkommt mich das bekannte Zucken gerade über meinem Steißbein, gefolgt von jenem sonderbaren warmen Glühen entlang meiner Wirbelsäule, und da erscheint sie dann in sichtbarer Gestalt irgendwo in der Gegend des *corpus callosum*. (Falls Sie es nicht wissen, das *corpus callosum* ist der Teil, der Ihre rechte Hirnhälfte mit der linken verbindet und es Ihnen ermöglicht, Ihre verschiedenen Fähigkeiten miteinander auszutauschen. Ich muß sagen, ich finde es etwas eigenartig, daß sich mein Schutzengel oft gerade dort niederläßt, so daß ich nie ganz sicher sein kann, ob ich es mit einer rationalen, objektiven, verbalen Wahrnehmung zu tun habe oder einer schöpferischen, nicht-fixierten, musikalischen.)
Jedenfalls, um mit der Geschichte fortzufahren, ich befand mich gerade auf meinem Spaziergang, und mein Engel tauchte auf.
»Hallo«, sagte sie mit ihrem leichten Knacklaut-Akzent, »du siehst verschwitzt aus.«
Ich muß schon sagen ... die Erlösungsgeschichte wäre ganz anders verlaufen, wenn Gabriel bei Maria hereingeplatzt wäre und gesagt hätte: »Hi, schade, daß du einen Pickel auf der Nase hast, aber trotzdem, willst du die Mutter Gottes werden?« So ähnlich sagte ich es tatsächlich zum Engel, aber sie lächelte bloß gütig und meinte: »Die Königin des Himmels litt nie an Akne.«
Sie klang so, als hätte sie das gerade in einem Artikel einer Frauenzeitschrift über Prinzessin Di gelesen – natürlich in einer entsprechenden Engelversion. Ich

will nicht, daß Sie mich für einen Snob oder so etwas ähnliches halten, aber die Entdeckung, daß Engel außerordentlich gewöhnlich sein können, ist enttäuschend: Sie sind fasziniert von den Mitgliedern der königlichen Familie und haben einen ziemlich unfeinen Akzent, wenn Sie verstehen, was ich meine. Da kann ich mich über den Himmel nur noch wundern.
»Was willst du?« fragte ich. Ziemlich unfreundlich, muß ich zugeben.
»Nun«, erwiderte sie, »ich dachte, ich könnte dich ermutigen, dich ein wenig auszuruhen.«
»Ich werde zu spät kommen«, sagte ich verstimmt. Ich konnte es nicht so recht glauben, daß sie wirklich um mein körperliches Wohlergehen besorgt war. Das erschien wahrlich nicht sehr geistlich. Ich hatte vielmehr Angst, daß sie mir einen kleinen Vortrag über irgend etwas halten würde.
»Du kommst sowieso schon zu spät«, merkte sie kritisch an. Nicht sehr hilfreich, dachte ich. Aber ich hielt an und lehnte mich an ein Tor.
»Eigentlich«, sagte sie, »hatte ich eher gehofft, ich könnte dich überzeugen, wegen dieser Verspätung ehrlich zu sein.«
»Ich hatte nicht vor zu lügen!« sagte ich empört. Zugegeben, ich hatte daran gedacht, den Stier, den ich auf einer weit weg liegenden Wiese gesehen hatte, etwas näher in meine Richtung zu plazieren und die Pfütze, in die ich gestapft war, vielleicht zu einer Art Schlagloch zu vergrößern. Aber ich hatte nicht vor zu *lügen.*
»Nein?« fragte Engel. »Nun, dann ist's ja gut.«
Sie werden vielleicht den Eindruck bekommen, daß mein Engel und ich uns nicht immer so schrecklich gut verstehen. Sie mögen recht haben. Ich weiß nicht, was ich getan habe, um das zu verdienen, aber ich habe den unangenehmsten Schutzengel, den es gibt. Es liegt wirklich nicht nur an ihren Ansichten aus den

Frauenzeitschriften und dem ziemlich scheußlichen Akzent. Sie ist auf eine fast unglaubliche Weise langweilig und immer nur an den profansten ethischen Themen interessiert. Du liest etwas über Jakobs Himmelsleiter oder die Ekstasen der heiligen Teresa von Avila, und du kannst nicht anders, als dich zu fragen, ob Gott seiner Aufgabe noch gewachsen ist. Zumindest erwartest du ein klein bißchen Glanz.

Genau das empfand ich, als ich gegen jenes Tor lehnte, müde, naß geworden und, wie sie so richtig aber ungnädig bemerkt hatte, verschwitzt.

»Schau«, sagte ich etwas aggressiv, »mir reicht's. Ich habe ständig an dieser Gebetssache gearbeitet« – das war natürlich etwas übertrieben, aber ich wollte mein Anliegen rüberbringen –, »und nun möchte ich endlich etwas davon haben. Ich will eine mystische Vision.«

»Bitte«, sagte sie.

»Was?« erwiderte ich.

»Du sollst ›bitte‹ sagen. Du sollst sagen ›Ich will eine mystische Vision, bitte.‹ Das ist genau das, was du *deinen* Kindern sagst.«

Was mal wieder ein absolut treffendes Beispiel dafür ist, worüber ich mich so aufrege. Ich wollte jedoch gerade jetzt keinen Streit vom Zaune brechen, deshalb sprach ich voller Betonung: »Ich will eine mystische Vision, bitte.«

»Du hast mich«, sagte sie, und ich spürte ihren selbstgefälligen Ton.

»Was?!«

»Du hast mich. Ich *bin* eine mystische Vision. Ich bin eine wirkliche und spürbare Gegenwart Gottes, die dir durch Gottes Gnade geoffenbart wurde.«

»Oh, um Himmels willen«, murmelte ich.

»Genau«, sagte sie. Dann entstand eine kleine Pause, und es dämmerte mir ziemlich unangenehm, daß ich womöglich ihre Gefühle verletzt hatte.

»Ich bitte um Entschuldigung«, sagte ich, ein wenig beleidigt.
»Ist schon okay«, meinte sie, und ich muß gestehen, sie klang überhaupt nicht beleidigt. »Ich bitte auch um Entschuldigung für meine Ungeduld. Es ist halt so, daß ich mich manchmal einfach fragen muß, was ich getan habe, um das zu verdienen. Ich meine, die unangenehmste Klientin zu haben, die es gibt.«
Es entstand wieder eine Pause, in der ich mich weigerte, mich schuldig zu fühlen. Dann sagte sie: »Nun gut, welche Art mystischer Vision stellst du dir vor?«
Um ehrlich zu sein, ich war völlig perplex.
»Ich weiß es wirklich nicht«, stammelte ich. »Was kannst du denn machen?«
»*Meine* Grenzen«, sagte sie geziert, »sind nicht das Problem.«
Ich muß sagen, ich kümmerte mich nicht um ihren Ton. Ich antwortete mit so viel Würde, wie ich nur aufbringen konnte: »Du kannst doch nicht ernsthaft von mir erwarten, daß ich glaube, Gott ließe einen Unter-Engel alles Mögliche tun: ich meine Levitation, Stigmata, mystische Vermählung, die große Vereinigung ...«
»Was«, meinte sie kühl, »veranlaßt dich zu der Annahme, ich sei ein Unter-Engel?«
Ich wollte ihre Gefühle nicht verletzen, und mittlerweile wollte ich wirklich eine mystische Vision. Deshalb versuchte ich es mit gut gespielter Demut, die ihr gewöhnlich gefällt.
»Oh, ich hätte nicht gedacht, daß ein Ober-Engel an eine unwürdige, stümperhafte Seele wie mich verschwendet würde.«
Es hatte nicht den gewünschten Erfolg. Eigentlich genau das Gegenteil.
Zwischen meinen Augen flackerte ein blendendes Licht auf; ich dachte, ich würde vom Glanz geblendet.

Ich sah die himmlische Schlacht, in der der Schwanz des Satans ein Drittel aller Sterne aus dem Himmel fegte und sie in die gewaltige Leere der Hölle warf. Ich hörte das Grollen des Donners in den großen und mächtigen Flügelspitzen meines Engels. Der Boden bebte unter meinen Füßen, und Dunkelheit bedeckte das Antlitz der Erde. Sonne und Mond wirbelten in ihren Bahnen, und ich fühlte einen scharfen Schmerz genau zwischen dem oberen Ende der Beine und dem unteren Teil meines Rückens, so als ob jemand mich getreten hätte – und zwar fest. Ich sah und fühlte das Ausmaß des himmlischen Zorns.

»Was sollte das?« fragte ich ärgerlich, sobald ich wieder richtig atmen konnte.

»Sag das nie wieder«, sagte sie, und ich hatte sie noch nie in diesem Ton reden gehört. »Nie«, wiederholte sie streng. »Wenn du um deine eigene Kostbarkeit nicht weißt, dann zeige zumindest soviel Anstand, und glaube ja nicht, daß *er seine* wertvolle und göttliche Zeit an etwas Stümperhaftem und Unwürdigem vergeudete hätte. So eine Frechheit!«

Ich wollte gerade laut protestieren und ihr einen kleinen Vortrag über Demut und Bescheidenheit halten, als ich einen Kloß in meinem Hals bemerkte und auch, daß meine Augen ganz feucht geworden waren. Vermutlich vom Schock und vom Regen. Ich stieß mich vom Tor ab und lief in schnellen Schritten den Hügel hinab. Sie würde sowieso bei mir bleiben.

Sie blieb bei mir, als ich den Hügel hinunterlief auf ein Tor zu, das auf eine Wiese führte, die ich wiedererkannte. Ich wandte mich Richtung Heimat, und sie blieb bei mir. Man kann einem Engel, der ein Ziel hat, nicht entkommen. Sie blieb bei mir. Nach ungefähr fünfzehn Minuten war ich erschöpft. Ich fühlte mich naß und kalt und elend.

»Hey«, sagte sie schließlich, und dabei klang sie sehr

sanft. »Es ist schon gut. Ich habe vergessen, wie sehr es euch Menschen verletzt, wenn ihr das erste Mal erfahrt, wie es ist, geliebt zu werden. Echt komisch. Tut mir leid.«

Ich antwortete nicht. Ich konnte es, ehrlich gesagt, nicht. Ich ging nur weiter. Der Regen hörte auf, und die Sonne kam schwach durch. Ich fühlte mich etwas besser. Aber mein Engel blieb bei mir; sie hielt sich, diskret, aber herausfordernd, versteckt. Nach einer Weile fragte sie, wobei sie sich schon wieder mehr wie früher anhörte:

»Wie steht's jetzt mit dieser mystischen Vision?«

»Ich will keine«, sagte ich trotzig wie ein Kind.

»Naja, du wirst sowieso eine bekommen«, sagte sie, wieder ganz auf ihre übliche herrische Art. »Du könntest sogar jetzt das Vergnügen haben.«

Ich wollte mich gerade in eine heilsame Debatte über den freien Willen und das Recht der Frauen auf Selbstbestimmung einlassen, sogar wenn es um mystische Visionen geht, als wir um eine Ecke bogen; dort, ein Stückchen den Hügel hinauf, stand mein Haus. Die blasse Spätnachmittagssonne schien auf die nassen Dachziegel und überzog sie mit Gold. Das Haus wirkte einladend und vertraut und wunderschön. Am Tor waren die Kinder versammelt, offensichtlich in Aufregung. Und plötzlich drehte sich mein jüngster Sohn um, sah mich und fing tatsächlich aufgeregt zu hüpfen an.

»Mami ist da, Mami ist da. Hurra!«

Er jagte den Hügel hinunter, streifte den Anorak während des Laufens ab und warf sich in meine Arme.

»Wir dachten, du hättest dich verlaufen, wir dachten, du wärst weggelaufen«, sagte er. Seine Finger waren klebrig von Marmelade, weiß Gott woher, aber er freute sich so, mich zu sehen, daß ich nicht meckern konnte.

In seiner heftigen Umarmung sah in die anderen den Hügel hinunterstürmen. Aus irgendeinem komischen Grund hatten sie alle gedacht, ich hätte mich verlaufen; und sie waren alle selig, mich zu sehen. Das war wirklich eine sehr große Freude. Am Ende waren alle etwas überdreht. Wie das Nachlassen einer Spannung manchmal schlechte Laune verursachen kann, so kann das bei anderer Gelegenheit ohne ersichtlichen Grund zu einer Art wilder und übermäßiger Heiterkeit führen. Bei uns passierte nun letzteres, und wir bekamen alle Kicheranfälle. Und meine Tochter, die in dem Alter ist, wo man übertrieben mütterlich ist, war besorgt um meine Blase am Fuß und befahl ihrem älteren Bruder, mich heimzutragen. Er neckte mich und nahm mich hoch in seine Arme, obwohl er gar nicht so stark war, um mich sicher fühlen zu können.

»Laß mich runter, du Esel«, sagte ich, »laß mich runter und benehmt euch!«

Aus irgendeinem seltsamen Grund hörte ich meinen Engel sehr kindisch kichern. Ich glaube, was sie sagte, war: »Tadele sie nicht, denn wenn diese schweigen, werden die Steine schreien.« Aber das macht nicht viel Sinn.

Er wollte mich jedenfalls nicht absetzen. Er trug mich in unser Haus, und alle verhielten sich sehr albern, bis es schließlich jemand schaffte, eine große Blumenvase umzustoßen – alle Blumen über den ganzen Fußboden verteilt. Danach beruhigten wir uns und wischten den Fußboden auf; aber sie hatten Kuchen und Krapfen zum Tee besorgt, und alles war fertig und wartete auf mich wie bei einer Geburtstagsparty. Die gute Stimmung und das Gefühl von Willkommensein hielten den ganzen Abend an, wir spielten miteinander und keiner stritt sich mit irgendjemanden herum. Irgendwann zwischendurch war mein Engel verschwunden, aber ehrlich gesagt, ich bemerkte es noch nicht einmal. Sie tauchte erst wieder auf, als ich mich schlafen legte. Ich weiß nicht, ob sie damit rechnet, daß ich zu Zeit immer noch auf bin, aber sie erscheint zu dieser Zeit ziemlich oft. Insgeheim genieße ich es sehr, zugedeckt zu werden und einen Gute-Nacht-Kuß zu bekommen. Jedenfalls war ich gerade dabei, mich einzukuscheln, und wollte gerade das Licht ausmachen, als sie dastand.

»War's schön?« fragte sie.

»Es war ein wunderbarer Abend«, antwortete ich. Und damit sie sich nicht zu sehr von dem Traum hinreißen ließ, aus mir würde noch eine nette, langweilige Vorstadt-Mutti mittleren Alters, fügte ich trocken hinzu: »Aber was ist mit meiner mystischen Vision?« Es bringt nichts, deinen Engel über sich hinauswachsen zu lassen.

Sie seufzte: »Das ist absolut typisch. Unverdientermaßen gebe ich dir eine volle biblische Erfahrung, einen triumphalen Einzug in deine eigene Stadt, den Esel *gratis* und inklusive. Da bin ich nun hier, selbstlos und lieb und schwer arbeitend und sogar ziemlich schlau, indem ich all die biblischen Details reinbringe wie das Haus, das wie der Tempel in Jerusalem erstrahlt, und die Ersatzpalmzweige zu deinen Füßen. Und gratulierst du mir nun oder bemerkst es überhaupt? Nein, ganz und gar nicht.«

Ich schämte mich ein wenig, aber ich war noch nicht zufrieden.

»Ich bin noch nicht zufrieden«, sagte ich.

Sie reichte mir ein Buch. Und leuchtete auf eine Seite.

Die Engel bewachen ihre alten Stätten -
Wälzen nicht weniger als einen Stein und bewegen einen Flügel,
ihr seid es, eure entfremdeten Gesichter,
die die vielen strahlenden Dinge nicht sehen.

Aber (wenn du unendlich traurig bist)
weine – und über deinem so bitteren Verlust
wird leuchten der Verkehr auf der Himmelsleiter,
Aufgestellt zwischen Himmel und Charing Cross.

Ich wußte nicht, ob ich lachen oder weinen sollte. Beides hätte sie in eine Machtposition gebracht. Deshalb sagte ich: »Naja, ich hab nicht viel übrig für sentimentale religiöse Lyrik aus der viktorianischen Zeit.«
»Spiel dich doch nicht so auf«, meinte sie und wollte sich gerade unsichtbar machen. Aber sie lächelte.
»Der Friede sei mit dir und schlaf' fest.« Und genau in dem Moment, als sie sich schließlich zurückzog, schenkte sie mir eine kleine mystische Vision: Viele Engel gingen auf dieser schönen Leiter auf und ab. Sie sahen meinem sehr ähnlich, und sie lächelten alle; sie aßen auch alle Krapfen, und an ihren Gesichtern klebte Marmelade.
Ich hätte mich bei ihr bedankt, wirklich – dummerweise jedoch schlief ich ein.

Friedensgeplänkel

Ich bin mir nicht ganz sicher, warum ich Ihnen diese Geschichte überhaupt erzähle. Ich weiß wirklich nicht, was das Ganze soll. Eigentlich ist sie ein wenig albern. Aber dann gibt es tatsächlich auch eine ganze Reihe anderer Dinge. Manchmal lohnt es sich, diese zu erzählen und manchmal auch nicht. Wie dem auch sei, hier geht es um etwas, das mir neulich in meinem Wohnzimmer passierte, so zwischen dem Mittagessen und der Zeit, wo die Kinder von der Schule heimkommen.

Ich saß gerade da und war friedlich am Lesen, als ich die allzu vertraute Stimme meines Schutzengels hörte: »Was in Gottes Namen ist *das*?«

Ich unterdrückte einen Seufzer der Entrüstung. Ich weiß nicht, ob ich Ihnen je von meinen Problemen mit meinem Schutzengel erzählt habe. Es ist nämlich so, daß – während die meisten Menschen offensichtlich völlig unaufdringliche geistliche Führer haben, die für sich bleiben und sogar versuchen, ihre Gegenwart zu verbergen und sich dabei auf eher indirekte Führungsstrategien verlassen (Astrologie oder Evolution oder dialektischer Materialismus oder was auch immer) – meiner den Direktangriff vorzieht, wahrscheinlich weil sie zu dumm ist für solche Feinheiten. Sie mischt sich immer ein und unterbricht mich in meinen feinsinnigen Gedanken. Mehr noch: Während ich nicht die einzige bin, die einen Engel hat, der sich ständig einmischt, so bin ich doch – soweit ich weiß – die einzige, die einen hat, der auf fast unglaubliche Weise dumm ist. Sie ist auch recht plump und außergewöhnlich unattraktiv, obwohl ich versuche, mich darüber nicht allzuviel auszulassen, auch wenn ich nun mal Feministin

bin mit einem feineren Gespür dafür. Außerdem ist sie todlangweilig: ich meine nicht so wie Jeanne d'Arcs Engel, der sie mit mystischen Stimmen bedachte und ihr bei der Schlacht voranging und sie ermunterte, Männerkleidung zu tragen und Nationen zu befehligen und ihr ein weißes Pferd und einen Banner und einen romantischen, wenn auch schmerzhaften Tod verschaffte. Die meisten Leute, mit denen ich geredet habe, scheinen offensichtlich himmlische Schutzengel zu haben, die strahlend schön, von spiritueller Tiefe, geistig anregend und sogar ein bißchen verführerisch sind. Ganz ehrlich, meiner ist der Typ, der Mundgeruch hätte und Gesundheitssandalen oder etwas entsprechend Scheußliches trüge, wenn sie von dieser Welt wäre. Als ich einmal ziemlich wütend war, fragte ich sie, ob sie eine Strafe Gottes für mich wäre, da ich doch eine freche Feministin sei, aber natürlich erfaßte sie nicht im geringsten meine tiefe Ironie (haben Sie schon bemerkt, wie *wortwörtlich* Engel alles nehmen?) und antwortete mit ihrer gewöhnlichen, langweiligen, aber übernatürlichen Geduld: »Oh nein, nein, nein. Gott stört *das* überhaupt nicht.« Was sie aber echt aus der Fassung bringt, ist das: Wann immer ich auch Krapfen für die Kinder kaufe, hole ich immer nur die mit dem losen Zucker statt die mit der Glasur, die sie eigentlich am liebsten haben. Weil ich angeblich noch nicht einmal bemerkt hatte, daß die Kinder die glasierten lieber hätten und auch nicht mit einem Blick erkannt hatte, daß ich es hätte bemerken sollen, und da im übrigen nur ich es sei, die die gezuckerten mag – und dabei esse ich sie doch noch nicht einmal –, war ich also ziemlich sauer. Ich finde, es macht mehr Spaß, einen Gott zu haben, der gegen deine progressive Politik ist, als einen Gott, der dich anspitzt wegen deiner kleinen, und in diesem Fall fälschlich behaupteten Verfressenheit.
Jedenfalls, um wieder zum Thema der Geschichte zu

kommen, falls sie überhaupt eins hat: Das ist die Sorte Schutzengel, die ich habe, und ich glaube wirklich, daß das ungerecht ist. Deshalb sollten Sie sich nicht wundern, daß ich erheblichen Ärger verspürte, als sie in einem friedlichen Augenblick bei mir hereinplatzte und dabei mit ihrer leicht nasalen Stimme fragte: »Was in Gottes Namen ist *das*?«

»Ich lese gerade«, antwortete ich abweisend.

»Ich weiß«, sagte sie, »aber ich habe dich nicht gefragt, was du machst, ich habe dich gefragt, was das ist.« Einer ihrer Strahlen beleuchtete das Bild auf der aufgeschlagenen Seite.

»Nichts Besonderes«, murmelte ich verlegen. »Ich meine, nichts, was dich interessieren könnte. Nichts Spirituelles.«

»Unsinn«, sagte sie. »Du scheinst überhaupt nicht zu begreifen, wie sehr wir das Irdische mögen. Viel mehr als ihr alle das Spirituelle mögt, nicht wahr? Was ist es?«

Ich wußte, das zu erklären, würde schwierig sein. Offen gestanden, ich studierte gerade diesen Katalog und versuchte zu entscheiden, ob ich mir eine winzige – ich meine wirklich kleine – eine klitzekleine Atombombe leisten könnte. Ich hatte nicht vor, sie zu benutzen oder so. Ich meine, ich bin auch nicht die Aggressive hier in der Gegend. Ich dachte bloß, es könnte vielleicht nützlich sein, so etwas in der Nähe zu haben, nur für den Notfall. Aber ich wußte, daß sie etwas dagegen haben würde. Sie ist wirklich blöd.

»Es ist eine Bombe«, sagte ich etwas mürrisch.

»Eine was?« fragte sie.

»Na ja, so wie ein Feuerwerk; sie explodiert mit einem großen Knall und verursacht eine Rauchwolke und etwas Gestank.«

»Hm«, meinte sie nachdenklich, »hört sich fast so an wie jemand, den ich kenne. Wozu dient sie?«

»Zu nichts Besonderem. Sie ist eine Art Statussymbol.

Ich vermute, man könnte sie einsetzen, um böse Menschen dazu zu bringen, sich zu benehmen und dergleichen. Falls sie gefährlich würden.«

»Du meinst *sie töten?*« Sie klang höchst erstaunt. Und dann gab sie so ein eindeutig verschnupftes Geräusch von sich. *Ich* bin höchst erstaunt darüber, daß der Himmel eine Nebenhöhlenentzündung nicht in Ordnung bringt, statt dessen aber all diese Engel mit Polypen in der Nase herumschwirren läßt, die anderen auf die Nerven gehen. Manchmal frage ich mich wirklich noch, ob Gott überhaupt davon eine Ahnung hat.

»Schau mal«, sagte ich aufgebracht, »ich denke nicht daran, sie zu benutzen oder so, aber du erzählst mir immer, ich würde nicht genug an die Kinder denken, und da dachte ich bloß, es wäre sicherer für sie, wenn wir eine bei uns im Haus hätten, nicht wahr?«

Schweigen.

»Nur zur Selbstverteidigung natürlich. Wenn alle nett zueinander wären, würde ich keine wollen. Aber unter diesen Umständen, also ich meine, wenn die Leute wüßten, daß ich eine hätte, würden sie mich nicht angreifen, oder? Und die Kinder natürlich auch nicht.«

Schweigen.

»Es ist genauso wie bei Judokursen, oder?« Sie versucht doch immer, mich dazu zu bringen, das Rauchen aufzugeben und mich körperlich mehr zu bewegen, und einer ihrer neuesten, angeblich genialen Projekte ist, daß ich zu irgendeinem Selbstverteidigungskurs für Frauen gehen und Judo lernen soll. Deshalb glaubte ich, daß sie jetzt passen müßte.

»Frauen haben Spaß an Judokursen«, sagte sie.

»So?«

»Das ist nämlich der Unterschied. Judo macht Spaß, eine Hausbombe zu besitzen und damit bei den Nachbarn anzugeben aber nicht. Sollte es jedenfalls nicht.«

Ich habe Ihnen doch gesagt, daß sie dumm ist.

Es trat eine lange Pause ein. Ich versuchte mir einzureden, daß sie weggegangen war, aber nein. Sie schwebte irgendwo hinter meiner linken Hirnhälfte herum und schaute gequält aus. Ich wußte bloß, daß es so war.

»Manchmal«, sagte ich bestimmt und mit ziemlich viel Geduld, die ich betont zum Ausdruck brachte, »wenn einem schon die übernatürlichen Vorzüge fehlen, die ihr da alle zu besitzen das Glück habt, muß man einfach im Klartext reden. Wenn man schwach ist, wird man nicht respektiert, kann sogar noch verletzt werden, und ganz sicherlich wird nicht auf einen gehört. Man braucht Einfluß. Sogar Simone Weil sagte, man müsse Ansehen haben, genausoviel oder mehr als die anderen.« Simone Weil, wie ich genau wußte, hatte das so überhaupt nicht gemeint, aber ich wußte, ich konnte damit rechnen, daß mein Engel das nicht wußte.

Schweigen.

Nicht so ein Schweigen, das bedeutete, daß sie darüber nachdachte; so ein Schweigen, das bedeutete, daß sie von mir erwartete, darüber nachzudenken. Plötzlich hatte ich eine glänzende Idee – man nennt es den Teufel mit dem Beelzebub austreiben. »Selbst ihr da alle laßt euch manchmal darauf ein. Was war los, als ihr die Mächte des Satans vertrieben habt, ha? Krieg im Himmel? Apokalypse now? Man kann nicht passiv oder pazifistisch im Angesicht des Bösen sein, oder?«

Wieder entstand eine Pause. Ich dachte, sie würde klein beigeben. Ich spielte meine Überlegenheit aus.

»Los!« krähte ich, »nicht kneifen: Wenn im Himmel Kriege erlaubt sind, warum nicht auch bei uns?«

»Ich weiß gar nicht, ob ich es dir überhaupt verraten sollte«, antwortete sie ruhig, »weiß der Himmel, was du wieder daraus machst, aber in Wirklichkeit benutzten wir Trampolins.«

»*Trampolins?*« schrie ich laut auf.

»Genau. Trampolins. Sie dienen wirklich der Verteidigung. Du kannst eins davon haben, wenn du willst. Es macht Spaß wie Judo.«

Ich war schockiert. Und fassungslos.

»Schau«, meinte sie, »es ist ganz einfach. Du stellst eine Reihe Trampolins auf und wenn sich die Leute ringsherum angreifen wollen, hüpfen sie einfach weg. Ich geb' zu, die armen Schlangen hüpften eine lange Zeit, aber das war größtenteils unsere Schuld, weil wir überhaupt nichts von der Schwerkraft verstanden. Das war vor der Schöpfung. Ich vermute, *sie* war noch am Experimentieren. Sie wissen aber, daß sie jederzeit zum Spielen zurückkommen dürfen. Sie sind bloß beleidigt, das ist alles. Wir mußten ja so lachen.«

Trampolins. Ich bitte Sie! Obwohl: Während des Ersten Weltkriegs spielte man zur Weihnachtszeit zusammen Fußball; dann sprang man wieder zurück in die Gräben und griff einander an. Ein paar Trampolins wären vielleicht keine schlechte Idee gewesen.

Aber ich war immer noch eingenommen von dem Gedanken, meine eigene Bombe zu besitzen. Fast niemand sonst hat schließlich eine. Und diese hier war, relativ gesehen, wirklich spottbillig. Ich begriff, daß sie es für sich ausnützen würde, wenn ich mir anmerken ließ, wie beeindruckt ich von den Trampolins war. Jetzt mußte ich weiterkämpfen, um mich dafür zu rechtfertigen, daß ich angefangen hatte. Ich versuchte es mit einer neuen Angriffstaktik:

»Trampolins! Ich glaube kein Wort davon. Und übrigens, wie war das eigentlich mit dem heiligen Georg?«

»Du lieber Himmel«, rief sie aus, »ich dachte, wenigstens du wüßtest, daß das Ganze bloß eine frühmittelalterliche Kompilation von allerlei heidnischen Geschichten ist; typisch mythopoetischer Aufbau.«

Ich bitte Sie! Das ist einfach nicht in Ordnung. Das letzte, was man von Engeln erwartet, ist Ent-heiligung. Besonders wenn sie dumm sind.

Also, um ganz ehrlich zu sein, ich war so aus dem Konzept gebracht und verärgert, daß ich etwas tat, was ich normalerweise unterdrücken kann. Ich bin nicht ganz sicher, warum das bei Engeln so ist, aber sie reden tatsächlich nicht gerne über die menschliche Natur Jesu. Anscheinend mögen sie es sogar noch weniger, als wir über seine Gottheit reden wollen. Wenn sie keine Engel wären, könnte man meinen, das läge daran, daß sie neidisch, ja sogar eifersüchtig auf uns sind. Jedenfalls haben sie so eine Art an sich, oder zumindestens mein Engel, irgendwie muffig und zurückhaltend zu werden, wenn man darüber zu diskutieren versucht. Aber sie weiß, daß sie es sollte, und gibt sich große Mühe. Deshalb versuche ich im großen und ganzen freundlich zu bleiben, denn schließlich kann mein Engel nichts dafür, daß sie dumm ist. Ich denke, daß diese wohlwollende Toleranz ein ziemlich gutes Licht auf mich wirft. Aber wie auch immer, diesmal war ich so sauer, weil sie diese neumodische Masche hinsichtlich des heiligen Georg vom Leder gezogen hatte, daß ich der Meinung war, es geschähe ihr jetzt recht, und deshalb unterbrach ich sie schnell: »Okay, ich gebe dir recht mit deinem heiligen Georg, aber was ist mit der Tempelgeschichte? Da kannst du dich nicht herauswinden.« Beinahe hätte ich wie ein Kind gesagt: »Jetzt hast du's«, aber ich konnte mich noch rechtzeitig beherrschen.
»Tempelgeschichte?« Manchmal gibt sie sich gerne unschuldig, aber ich lasse mich nicht täuschen.
»Tempelgeschichte«, wiederholte ich bestimmt, »und damit du's weißt, ich rede nicht von Samson und seinen Säulen. Ich spreche von deinem Chef und seinem aggressiven Angriff auf die armen, alten Geldverleiher, die nur ihre Arbeit taten, und wie er die Tische umschmiß und nicht den Frieden, sondern das Schwert brachte.«

»*Unser* Chef«, sagte sie irgendwie schüchtern, aber doch deutlich.
»Gut, dann eben *unser* Chef; aber weich mir bloß nicht mit Wortspielen aus. Jesus, das Wort, das Mensch geworden ist, Gott, der Fleisch wurde, uns in allem gleich außer in der Sünde, fängt an, Tische in einer Art und Weise umzuschmeißen, die kaum dem entspricht, was wir vom Friedensfürsten erwarten. Und was sicherlich auch nicht in dieses Schema paßt von wegen die andere Wange hinhalten, deinen Feind lieben oder denen zu verzeihen, die dich verfolgen.«
Ich erlebte einen Moment reinen Triumphes. Ich konnte es mir beinahe schon leisten, großmütig gegenüber der Besiegten zu sein; beinahe. »Los!« rief ich, »eine freiwillige Kampfgeste. Wie steht's denn damit?«
Oh ja, ich war mit mir und meinem überwältigenden Sieg zufrieden. Eine Blitzpartie für mich, dachte ich mit Wonne.
»Nun ja«, meinte sie, »ich weiß nicht, was das mit deinem Kauf einer Bombe zu tun haben soll?«
»Wirklich nicht?« fragte ich eisig. Ich wollte mich nicht in die Defensive drängen lassen, wo ich schon so gute Weichen gestellt hatte. »Also, laß es mich erklären. Wir reden davon, ob Gewaltanwendung gegenüber bösen Menschen oder ihren Handlungen zu rechtfertigen ist. Wenn *er* so etwas tun darf, dann habe auch ich einen guten Grund für meine kleine Verteidigungsbombe, nicht wahr?«
»Nein«, entgegnete sie wie aus der Pistole geschossen. »Erstens einmal war er wütend.«
»So? Du wirst böse, wenn ich wütend werde.«
»Quatsch! Ich werde wütend, wenn du deine Wut falsch abreagierst; Wut an sich ist nicht schlimm. Jedenfalls sollst du nicht unterbrechen! Du hast damit angefangen, nicht ich. Erstens einmal war er wütend und aus gutem Grund. Du weißt, wie böse du wirst,

wenn die Kinder Unordnung im Haus machen – und immerhin ist es zufällig auch ihr Haus, was beim Tempel ja nicht der Fall war. Zweitens wurde niemand verletzt; drittens war es symbolisch wie Straßentheater. Und viertens war es lustig.«

»Lustig?« fragte ich zweifelnd. »Das scheint mir aber kaum der Fall zu sein.«

»Nein? Natürlich nicht, oder? Du bist so egoistisch. Und wir? Da waren wir nun alle versammelt, nachdem wir uns wochenlang so Sorgen um ihn gemacht hatten, und plötzlich zieht er diese große Show ab: all diese Münzen, die herumflogen, all diese verschrockenen Markthändler, die so geschockt und geduckt und geplagt ausschauten, die ganze Priesterschar, die aus ihrer wichtigtuerischen Selbstgefälligkeit aufgeschreckt wurde, und die Tauben, die in ihre Gesichter flatterten, und all die Jungen, die so sehr lachten. Und wir hingen alle über dem Himmelsrand und konnten uns nicht halten vor Lachen, und Gabriel und Michael teilten uns in Gruppen ein, um auch mitzumachen. So viel Spaß hatten wir seit Ewigkeiten nicht mehr gehabt. Es war so nett von ihm, unserem Liebling, daß er das zu unserer Unterhaltung hinlegte. Um uns zu amüsieren, als er in Wirklichkeit in einer solch mißlichen Lage steckte.«

»Nett!« Ich sprach es ziemlich entnervt aus. »Amüsieren!« Ich hatte diese Szene aus der Bibel immer ganz gern gemocht, Gottes Zorn in Aktion, und jetzt hörte sie sich bei ihr an wie eine der seichteren Stellen in einem Weihnachtsmärchen. Und noch nie hatte sie zu mir in diesem zärtlichen Ton gesprochen.

»Ja«, meinte sie, »amüsieren. Das kannst du sowieso nicht verstehen. Oh, ich bin so bedient von dir; ich habe dich langsam so satt; du bist so langweilig und dumm, und manchmal frage ich mich, ob du nicht eine Strafe Gottes für *mich* bist, weil ich so eine Quasselstrippe bin!«

»Na gut«, sagte ich, immer noch verstimmt, »warum seid ihr dann nicht gekommen und habt mitgemacht? Eine Parade kichernder, Can-Can tanzender Engel ist doch offensichtlich genau das, was dieser bombigen Szene noch fehlte.«
»Genau das haben wir auch gedacht«, antwortete sie. Es entstand eine Pause. »Aber er ließ uns ja nicht. Er wollte, daß ihr alle mitspielt, und so gut wie niemand von euch machte mit. Wir hätten gerne mitgespielt und uns amüsiert und Spaß gehabt, und wir hätten uns auch um ihn gekümmert. Aber er wollte uns nicht; er wollte nur euch. So sehr, daß er ...«
Sie hielt inne. So hatte sie sich bei mir noch nie angehört. Es klang nach einem gebrochenen Herzen.
»Schau«, sagte ich plötzlich, beinahe zu meiner eigenen Überraschung: »Ich werde die verdammte Bombe nicht kaufen. Ich wollte sie sowieso nie.« Sie war nicht besonders dankbar, wenn man bedenkt, daß ich dieses Opfer nur brachte, um sie aufzuheitern.
»Das fehlte gerade noch«, meinte sie wie ein tantenhaftes Kindermädchen.
Sie fing an sich aufzulösen, wobei sie wie gewöhnlich ganz vorsichtig in meine linke untere Schädelhöhle sank, bevor sie in mein Rückenmark entströmte. »Friede sei mit dir«, sagte sie vor dem Weggehen, wie sie es immer tat, ein abgedroschener Gruß.
Und dann kitzelte sie mich. Im Gehirn gekitzelt zu werden ist ekstatisch. Es ist im Grunde keine mystische Erfahrung, es ist mehr eine Art, na ja, Spaß. Ich erhaschte gerade noch einen Blick ihres fröhlichen Grinsens und ihrer friedfertigen Nase, und, glauben Sie mir, nur für diesen einen Moment schien es mir tatsächlich, als sei sie von spiritueller Tiefe, strahlend schön und sogar ein klein wenig verführerisch.

Gerichtsverhandlung

Ich bin mir nicht sicher, ob das als Geschichte hinkommt. Was Geschichten anbelangt, bin ich ziemlich altmodisch. Ich mag ganz gerne eine richtige Handlung und exotische Schauplätze, erhabene Gefühle und erhabene Prosa; auch eine schöne überraschende Wendung am Schluß. Diese Geschichte besitzt nichts von alledem. Im Grunde ist sie ziemlich hausbacken und alltäglich, obwohl daran einzig und allein mein Schutzengel schuld ist, wie Sie gleich sehen werden. Aber jeder hat es doch heutzutage mit Literatur, die aus dem Leben gegriffen und gesellschaftskritisch ist, so daß ich mir dachte, ich könnte es auch mal wagen.
Mein Schutzengel erschien also vor kurzem, als ich gerade das Silber polierte. Irgendwie hoffte ich, sie wäre beeindruckt, mich diese niedrige und hausfrauliche Arbeit mit einer solchen Hingabe verrichten zu sehen. Natürlich war sie es nicht. Man kann es ihr nie rechtmachen. Nicht nur, daß sie mich immer dann stört, wenn ich meinen niedrigen, häuslichen Pflichten nachgehe, sie stört mich auch immer dann, wenn ich es nicht tue.
Allmählich glaube ich, daß es einen Vertrag oder irgend etwas zum Unterschreiben geben müßte, worin die grundlegenden Bedingungen unserer Beziehung festgelegt sind und der oder das alle paar Jahre neu ausgehandelt werden kann. Ich kann Ihnen versichern, daß ich mich mit meinen Ansichten bei jeder Nachverhandlung keineswegs zurückhalten würde: Ich kann es gerade noch verkraften, daß sie eine metaphysische Stupsnase hat und einen Engelanzug aus Knitterstoff (obwohl man hätte annehmen können, daß der Himmel Seide führt), aber ich sehe nicht ein,

warum ich mir dieses ewige Genörgel gefallen lassen muß.

»Hallo«, sagte sie in ihrer üblichen, heiteren Pfadfinderinnenmanier.

»Im Frühtau zu Berge«, murmelte ich. Ich hielt es für eine recht schlagfertige Entgegnung, aber ich war auch ganz froh, daß sie es nicht hörte. Was mir an diesem Morgen nämlich gerade noch gefehlt hätte, wäre ein Vortrag gewesen über die Vorteile von Fitneßübungen oder eine Standpauke über meine Vorurteile. In Wirklichkeit habe ich natürlich nichts gegen Pfadfinderinnen, es ist bloß eine Redensart; das letzte Mal jedoch, als ich mich mit meinem Engel auf dieses Thema einließ, endeten wir in einem schrecklichen Durcheinander, in dem es um Faschisten und ›Neger auf Holzpfählen‹, ›Nutten mit Herz‹ und sogar um das Geschlecht Gottes ging. Darum war ich richtig froh, daß sie es nicht aufgriff.

»Hm«, meinte sie in einem herablassend mißtrauischen Ton. »Sag mal, was ist hier eigentlich los?« Ich versuchte, mir einzureden, daß sie voll Bewunderung und Respekt auf mein Silber blickte. Es gelang mir nicht. Ich war jedoch entschlossen, nicht klein beizugeben.

»Ich poliere gerade das Silber«, sagte ich brav. Ich sollte dazu sagen, daß ich nicht zu den Menschen gehöre, die sehr oft Silber polieren, eigentlich fast nie. Meine Großmutter hinterließ mir einen Kasten von schwerem viktorianischem Besteck, das gewöhnlich irgendwo im hinteren Teil des Schrankes unter der Treppe herumliegt; und wirklich, als ich mir heute morgen dachte, daß es ganz dringend gereinigt werden müßte, hatte ich einige Schwierigkeiten, es zu finden.

»Das sehe ich«, sagte Engel, »ich bin doch nicht dumm.« Und ob sie das ist; ich war versucht, das auch zu sagen, aber möglicherweise war es nicht gerade der günstigste Moment. »Ich frage mich allerdings, warum du ausgerechnet diesen Morgen ausgesucht hast, um aus heiterem Himmel das Silber zu polieren?«

»Es war schmutzig«, antwortete ich.

»Es war schmutzig, nachdem du es das letzte Mal benutzt hast, um damit diesen ziemlich oberflächlichen Leuten zu imponieren, die du im vergangenen April zum Essen da hattest. Ich habe dich damals darauf aufmerksam gemacht, aber du hast es nicht geputzt.«

»Die waren nicht oberflächlich«, entgegnete ich entrüstet, »sie waren berühmt.« Ich merkte, daß ich mit meinem Engel viel lieber über diese Abendgesellschaft diskutiert hätte, selbst wenn sie oberflächlich war und ich sie nur eingeladen hatte, weil ich unbedingt bei meinen Freunden damit angeben wollte, als die Frage weiterzuverfolgen, warum ich das Silber gerade polierte.

Aber mein Engel ließ sich nicht ablenken. »Wir müssen jetzt darüber reden, warum du das Silber polierst«, sagte sie. Ich wette, man schickt Lehrlingsengel zu Kursen, wo sie üben, sich durchzusetzen; immer bestehen sie darauf, das zu bereden, was sie wollen. Das finde ich sehr egoistisch.

»Ich hätte eigentlich angenommen, du würdest es gerne sehen, wenn ich eine solch weibliche Arbeit ausführe«, meinte ich gereizt.

»Mein Gott, bist du dumm!« rief sie aus. »Es kann doch nicht – nein wirklich nicht – selbst *deiner* Aufmerksamkeit entgangen sein, daß du diese ›weiblichen Arbeiten‹, wie du sie bei solchen Gelegenheiten nennst, doch nur dann ausführst, wenn du etwas Ernstes auf deinem Gewissen hast.«

Mir wurde ganz mulmig. Es stimmte nicht nur, es war auch tatsächlich meiner Aufmerksamkeit entgangen. Ich kam mir nicht nur schlecht, sondern auch dumm

vor. Es war äußerst irritierend; darauf kann man nämlich wirklich verzichten: daß einem sein Schutzengel dazu bringt, sich dumm vorzukommen.
»Geh doch auf einer Nadelspitze tanzen«, sagte ich unfreundlich. Es war kindisch, aber besser als nichts zu sagen.
»Kein Platz mehr«, entgegnete sie ruhig, »die Antwort ist nicht das Unendliche.« Ich biß mir auf die Lippe, um nicht zu fragen, was denn die Antwort sei. Ich vermutete, daß sie über ihre eigene Klugheit lächelte, und ich hatte nicht vor, sie darin auch noch zu bestärken.
»Also«, sagte sie nach einer Pause, »was geht hier eigentlich vor?«
»Nörgel doch nicht so an mir herum!« entgegnete ich.
»Wir haben im Himmel eine Definition für Nörgeln«, sagte sie mit einer dem Anschein nach gelassenen Hilfsbereitschaft, »die könnte dir vielleicht helfen, besonders jetzt, wo du Feministin bist. ›Nörgeln ist, wenn jemand dich zum zweiten Mal um etwas bittet, das du schon beim ersten Mal hättest geben sollen und immer noch nicht geben willst.‹« Eine Pause trat ein; ich war ziemlich beeindruckt von dieser Definition. Dann meinte sie mit einem leisen Anflug von Langeweile:
»Also, zum dritten Mal: was geht hier eigentlich vor?«
»Sag du es mir doch, wenn du schon so allwissend bist!«
»Ich habe mich irgendwie gefragt, ob es tatsächlich etwas mit diesem Morgenbesuch von jenem merkwürdig nach Schwefel riechenden Herrn, dem Vorsitzenden eures Wohnviertel-Helfer-Kreises, zu tun haben könnte«, sagte sie.
Engel haben einen ganz eigenartigen Geruchssinn. Meiner sowieso; sie beklagt sich immer über Gerüche von Versengtem und Schwefel und so weiter; ich zum Beispiel habe noch nie auch nur die leiseste Spur von

üblem Geruch an Allan Smotherington, dem Vorsitzenden unseres Wohnviertelkreises, bemerkt, der mir in der Tat an genau jenem Morgen einen Besuch abgestattet hatte. In diesem Augenblick jedoch interessierte mich das Geständnis meines Engels mehr als die Empfindlichkeit von Engelsnasen.

»Du warst also da!« Ich hatte schon einen Verdacht gehabt. Mir war es, als könnte ich das eigenartige Flimmern der Synapsen in meinen Stirnlappen fühlen, was zu den vielen irritierenden Mitteln gehört, mit denen sie mir ihre Gegenwart ankündigt, aber es war sehr schwach gewesen, und ich hatte es nicht beachtet. »Das ist total entwürdigend«, schrie ich, »herumzuschleichen wie ein Dieb in der Nacht, spionierend, lauernd, hinterlistig, unehrlich, verstohlen …«

»Ach, halt doch die Klappe!« sagte sie in einem für ihre Verhältnisse scharfen Ton. »Hast du seine Petition unterschrieben?«

Ich zögerte. Die Sache war nämlich die, daß Allan, nachdem er außergewöhnlich liebenswürdig war und sich über die guten Manieren meiner Kinder und den prächtigen Zustand meiner Rosen ausgelassen hatte, mich gebeten hatte, eine Petition zu unterschreiben. Jemand hatte eine Baugenehmigung beantragt, um ein kleines Hotel am oberen Ende der Straße in ein Heim für Aidskranke umzuwandeln, und Allan glaubte nicht, daß die Räumlichkeiten für ausgerechnet diesen Zweck so furchtbar geeignet waren. Er wußte auch schrecklich gut Bescheid über Brandschutz und ob die Anhöhe zu steil war für Leute, die schon schwach waren und so weiter. Das Haus war wahrscheinlich überhaupt nicht geeignet.

»Du hast das unterschrieben, nicht wahr?« fragte sie. Sie klang entsetzt, obwohl nicht halb so entsetzt wie ich es darüber war, daß der Himmel den Engeln so scharfe Verhöre erlaubte.

Ich sagte nichts. Sie wußte genausogut wie ich, daß ich seine Petition unterschrieben hatte. »Unter diesen Umständen überrascht es mich nicht«, meinte sie kühl, »daß dir heute morgen ein gewisses Maß an ›Fleckenentfernung‹ als eine ganz vernünftige Idee vorkam.«

Es entstand eine Pause.

»Um der Liebe Gottes willen, warum?« Ich antwortete nicht, weil ich gerade dabei war, ganz fest an einem hartnäckigen schwarzen Fleck am Griff einer Gabel zu reiben.

»Allmählich glaube ich«, fuhr sie fort, »daß es einen Vertrag oder irgend etwas zum Unterschreiben geben sollte, worin die grundlegenden Bedingungen unserer Beziehung festgelegt sind und der oder das alle paar Jahre neu ausgehandelt werden kann. Und ich kann dir versichern, daß ich bei jeder Nachverhandlung sehr deutlich werden würde: Ich kann es gerade noch verkraften, daß du ein metaphysischer Trottel bist und erwartest, daß Engel Seide tragen (obwohl deiner Meinung nach der Feminismus daran etwas hätte ändern können), aber ich sehe nicht ein, warum ich mich abgeben muß mit diesem ewigen, kleinkarierten Wunsch, gut angesehen zu sein. Selbst von solchen Nattern wie Allan Smotherington.«

Sie rümpfte ihre Nase und schniefte verächtlich; sogar ich konnte einen schwachen Hauch von schmorendem Fleisch wahrnehmen. Es stimmte, daß Männer wie Allan mich immer einschüchterten. Ich fragte mich verzweifelt, ob mein Engel einen schriftlichen Bericht über mich abliefern würde; ich fragte mich, ob sie das nicht schon getan hatte; ich fragte mich, ob Gott einen Schnurrbart wie Allan hatte – der seidig war, wenn er sich freute, und borstig, wenn nicht. Es war richtig unheimlich. Ich versuchte, mich zu rechtfertigen.

»Ich hatte wirklich keine Angst vor ihm. Das war's nicht. Es war ein Kompromiß, ein Arrangement.«

»Blumenarrangements, ja; moralische Arrangements, nein«, entgegnete sie; es klang wie ein besonders geistloser, politischer Slogan.

»Das mag ja auf dich zutreffen«, sagte ich, »du bist eine anarchistische Trotzkistin. Und eine Puritanerin.«

»Keineswegs«, erwiderte sie bestimmt. »Ich bin ein Engel.«

»Das ändert nichts. Du lebst einfach nicht in der wirklichen Welt.«

»Stimmt«, sagte sie, und zwar mit einem Ausdruck von Selbstgefälligkeit, der nervte.

»Schau«, sagte ich, »ich weiß, daß es eigentlich nicht richtig war, und ich wollte auch nicht unterschreiben, aber wir haben ein Abkommen getroffen. Er wird seinen Einspruch gegen die Spielplatzerweiterung zurückziehen.« Ich dachte, daß mein Engel sich freuen würde; seit fast zwei Jahren kämpft sie mit mir darum, daß der Spielplatz erweitert wird; für die Kinder in dieser Gegend, mein jüngster Sohn mit eingeschlossen, ist das wirklich notwendig. Aber sie blickte nur ganz gelangweilt in die Gegend.

»Darüber hinaus«, sagte ich, »wird er das bei der nächsten Gemeinderatsversammlung unterstützen, und er will mit dem Gemeinderatsvertreter des Nachbarviertels reden und sie werden dafür sorgen...« Ich redete und redete und sprach ausführlich davon, wie Allan Smotherington ein reizendes, kleines Netz von Kontakten und Beziehungen gesponnen hatte und wie alles zusammenpassen würde und daß das einzig Notwendige, damit das Ganze auch lief, darin bestand, daß ich eine alberne Petition unterzeichnete, die gegen die unnötige Verwendung eines im höchsten Maße ungeeigneten Geländes Einspruch erhob. Und ich erklärte es ihr in allen Einzelheiten, so daß sie verstehen konnte, daß es nur ein winzig kleiner Kompromiß war. Obwohl ich in Wirklichkeit wußte, daß Allan Smotherington nicht die Wahrheit gesagt hatte – oder genauer gesagt, er nicht den wahren Grund genannt hatte, warum er das Heim nicht wollte.

Die ganze Zeit über war mein Engel überhaupt nicht bei der Sache gewesen. Statt dessen fing sie an, mit dem Silber herumzuspielen. Gerade als ich bei der Gemeinderatsversammlung anlangte, nahm sie ein paar Löffel in die Hand und dann eine Gabel oder zwei und begann, mit ihnen zu jonglieren. Sie nahm noch eine Suppenkelle hinzu und dann noch ein halbes Dutzend Messer. Alles wirbelte durcheinander und glitzerte und funkelte dabei wie ein Wasserfall aus Silber.

Ich war an dem entscheidenden Punkt angekommen, wo es um das Haushaltsloch bei der Kopfsteuer ging und wie das ganz gut den Wendepunkt bei der nächsten Wahl bedeuten könnte, als sie geschickt den Rest der Dessertlöffel und drei Kuchengabeln hinzunahm. Ich vergaß meinen Ärger. Ich war überwältigt und begeistert. Es kam so selten vor, daß sie mir ihre Engelsmacht demonstrierte. Sie langte nach einer weiteren Handvoll Teelöffel.

»Engel«, flüsterte ich ergriffen, »das ist ja wunderschön!« Ich war froh, daß ich alles gereinigt hatte; durch ihre Hände perlte ein Fluß, ein Springbrunnen aus Silber. »Wie viele Teile schaffst du?« fragte ich, begierig nach Mehr.

»Dreißig. Dreißig Silberlinge.«

Und sie ließ sie alle auf die Erde fallen, klirrend wie Blechinstrumente und tönende Zimbeln.

»Engel«, rief ich, »nicht doch!« Aber sie löste sich so plötzlich auf, daß ich mit einem scharfen Schmerz in meiner Lendengegend alleine zurückblieb.

Die Küche war ein einziges Durcheinander. Sie konn-

te sich leicht lustig machen über die ›weiblichen Arbeiten‹, wie sie sie nannte, dafür war mein Küchenboden jetzt übersät mit Löffeln und Gabeln, einer umgeschütteten Dose mit Silberpolitur, was wirklich teuflisch riecht, und ich hatte einen unglaublich arbeitsreichen Tag vor mir. Ich hatte wirklich vor, mich bei der nächsthöheren Dienststelle zu beschweren, aber mir war klar, daß ich mich nicht in einer starken Verhandlungsposition befand.
Sie tauchte erst wieder am späten Nachmittag auf. Ich war im Garten und als sie sich über den prächtigen Zustand meiner Rosen ausließ, erkannte ich, wie unehrlich Allan Smotherington an diesem Morgen gewesen war. Sie erschien mir ein wenig schüchtern und für ihre Verhältnisse ruhig.
Schließlich sagte sie: »Tut mir leid! Ich hab' nur angegeben.«
»Du hattest recht«, meinte ich, und allein schon das zuzugeben machte mich wieder grantig, weil ich immer noch nicht kapiere, wie jemand, der so dumm ist, so oft recht haben kann.
»Gin und Tonic?« fragte sie zögernd. Ich nahm dankbar an, weil engelhafte Gins und Tonics zu den Dingen gehören, die man nicht verschmähen sollte. Wir nippten zusammen davon, neben den Rosensträuchern sitzend.
»Nun ja«, meinte sie, »du mußt ganz schön erschöpft sein, aber ich möchte doch gerne betonen, daß du nicht den ganzen Tag hättest herumrennen müssen, wenn du nicht beim ersten Mal so dumm gewesen wärst.«
»Stimmt«, sagte ich müde. Es war tatsächlich ein schönes Stück Arbeit gewesen. Ich hatte meinen Namen aus Allans Petition streichen und dabei seine Phrasendrescherei über ›hysterische Frauen, die auch nicht wissen, was sie wollen‹ über mich ergehen lassen

müssen, ich hatte ein Geschäft ausfindig machen müssen, das Silber kauft, und einen Scheck zur AIDS-Hilfe schicken müssen *und* hatte damit begonnen, ein eigenes kleines, politisches Netzwerk aufzubauen und eine Petition für die Errichtung eines Spielplatzes im Garten des geplanten Heims zu verfassen.
»Aber«, sagte ich, indem ich genau ihren typischen, selbstgefälligen Ton anstrebte, »wenn ich nicht so dumm gewesen wäre, würde ich jetzt nicht dieses himmlische Getränk genießen.«
Sie sah geschafft aus, wie so oft. »Also ehrlich, du weißt doch, daß es so nicht läuft. Himmlischer Gin und Tonic werden genau wie die Sündenvergebung nicht durch gute Werke verdient. Sie werden ohne Gegenleistung geschenkt.« Sie machte sich fertig zum Auflösen, das diesmal aber warm und weich war. Gerade als sie gehen wollte, sagte ich: »He, das Jonglieren hat mir echt gut gefallen.«
»Das war noch nichts Besonderes«, entgegnete sie. »Friede sei mit dir.« Und als sie tief in meinen Kopf hineinsank, führte sie noch schnell ein Jonglierkunststück vor mit siebzig Sternen und dreiunddreißig Heiligenscheinen, die alle Wolken der Herrlichkeit hinter sich her zogen.

Nach dem Abendessen

Es gibt eine Menge Dinge im Leben, die ich nicht richtig verstehe, und dazu gehört auch, wie man schon vorher wissen kann, ob sich eine Geschichte zum Erzählen eignet. So geht es mir bei dieser. Sie handelt von etwas, das mir an einem Donnerstagabend passierte, und vielleicht handelt sie von der Vielschichtigkeit und der Fülle des Lebens, vielleicht handelt sie aber auch von überhaupt nichts. Man sollte sie einfach erzählen und dann mal sehen – auch wenn es dann eh' zu spät ist.

Was ich auch nicht verstehe – und ich glaube, es hat tatsächlich etwas mit dieser Geschichte zu tun – ist, warum ich mit einem Schutzengel geplagt bin, der so völlig desinteressiert ist an Spiritualität und Theologie wie meiner. Ich meine, ich bin nicht gerade eine leidenschaftliche Intellektuelle oder so, aber ich bin nicht völlig ungebildet und habe tatsächlich ein paar geistige Interessen. Deswegen kann ich nur noch staunen, daß ich mich mit einem Schutzengel abgeben muß, der überhaupt gar keinen Einblick hat in die höheren Fragen der Metaphysik. Einmal fragte ich sie diesbezüglich, aber sie antwortete nur: »Glück beim Verlosen. Oder auch nicht«, und das in einem Ton, den ich nicht gerade liebenswert fand.

Sie versteht scheinbar nicht, daß es sehr frustrierend ist, wenn ich ihr sage: »Ich glaube, ich trete ein in die Dunkle Nacht der Seele« und sie einzig und allein darauf erwidert: »Prämenstruale Spannungen: kauf Nachtkerzenöl!«

Oder ich begeistere mich so richtig für die Theorien des Thomas von Aquin über kleinere Häresien, und sie kichert nur und sagt: »Weißt du eigentlich, daß er so fett war, daß man aus dem Tisch im Refektorium einen Halbkreis heraussägen mußte, damit er bequem essen konnte?«

Und ich wußte es tatsächlich nicht, und es ist ja auch *so* furchtbar wichtig, nicht wahr; aber darum geht's nicht. Man erwartet einfach nicht, daß einem ein Schutzengel zugewiesen wird, der daherschwätzt wie eine Klatschtante von der Zeitung und der nur darauf aus ist, einen für winzig kleine Vergehen zusammenzustauchen, einem überhaupt das Leben zu vermiesen und alle höheren Neigungen zu bremsen.

Meiner Meinung nach kann es nicht die Aufgabe von Engeln sein, einen auf dem Boden der Tatsachen zurückzuhalten.

Einmal – mein Engel hatte ihren freien Samstag (wie Sie wahrscheinlich schon bemerkt haben, nehmen es Engel damit merkwürdig genau) – bekam ich einen sagenhaften Ersatzengel. Zunächst einmal war er hinreißend schön – und ohne jetzt allzu oberflächlich erscheinen zu wollen: so etwas hebt schon die allgemeine Stimmung. Er war wirklich ansprechend gekleidet und trat in Erscheinung, indem er seine nach Rosen duftenden Flügel und fließenden Gewänder hin und her flattern ließ. Dies steht in entschiedenem und meiner Ansicht nach bewundernswertem Gegensatz zu meinem Engel, welche nicht nur bedauernswert unattraktiv ist – die Arme! –, sondern auch dazu neigt, sich mehr für die überirdische Version von ausgebeulten Strickjacken aus Acryl und braven Wollröcken zu begeistern. Er war wirklich supermodern und ermunterte mich zu geistlichen Pilgerreisen (die man glücklicherweise machen kann, während man auch noch bequem zu Hause bleibt) und zum Musikhören, anstatt formelhafte, langweilige, alte Gebete aufzusagen; und er stand auf liturgischen Tanz und Zungenreden und Entspannung und Astrologie. Aber als mein Engel

wiederkam, schnupperte sie nur ein bißchen in meinem Kopf herum und meinte dann: »Du hast vergessen, deiner Mutter eine Geburtstagskarte zu schicken.«
Nun ja, das stimmte in der Tat, und meine Mutter war wirklich gekränkt, aber das wollte ich meinem Engel nicht sagen. Deshalb zitierte ich: »Jeder, der Mutter und Vater nicht verläßt, um mir nachzufolgen, ist des Evangeliums nicht wert.«
Leider muß ich gestehen, daß die einzige Belohnung, die ich für meine fromme Bibelfestigkeit erhielt, in einem richtig bösen Kopfweh bestand sowie darin, daß mein Engel drei Tage lang schmollte.
All das sollte eigentlich nur als Randbemerkung dienen, aber ich brauche bloß an meinen Schutzengel zu denken, um schlechte Laune zu bekommen, weil an der ganzen Sache etwas völlig Ungerechtes ist. Niemand sonst scheint diese Schwierigkeiten zu haben. Wie dem auch sei, Sie müssen verstehen, wie entsetzlich ungeeignet mein Engel ist, um dieser Geschichte viel Sinn zu verleihen.
Also, wie ich schon sagte, sie tauchte an einem Donnerstagabend auf, gerade als wir mit dem Abendessen fertig waren. Und ohne jetzt wieder abschweifen zu wollen, so erscheint mir dies auf ausgezeichnete Weise mein Problem zu veranschaulichen: Wer will denn schon spirituellen Austausch mit seinem Schutzengel, wenn man sich gerade mit drei Teenagern und einem Neunjährigen, die allesamt völlig uneinsichtig und äußerst egoistisch sind, auseinanderzusetzen versucht?
Meiner Meinung nach sollen sich Engel in ruhigen und besinnlichen Augenblicken offenbaren – zum Beispiel in der Mitte des zweiten Psalms beim Abendgebet im Dom oder während einsamer Abendspaziergänge. Sie sollen sich nicht bei einem in die Küche

hineinschleichen in genau dem Augenblick, wo man, provoziert bis über die äußerste Schmerzgrenze hinaus, die Kinder anzuschreien beginnt. Wenn sie schon unbedingt zu den Zeiten erscheinen müssen, wo die kostbare Seele, für die sie, so nehm' ich an, vor dem ewigen Gott verantwortlich sind, in solch ernsthaften Schwierigkeiten steckt, dann erwarte ich zumindestens einen kleinen Blitzstrahl, der gerade ausreicht, um eine temperamentvolle Dreizehnjährige zu etwas mehr Respekt vor ihrer Mutter zu bekehren, oder einen Donnerschlag, der laut genug ist, um einen Neunjährigen zu überzeugen, daß er wirklich gerne im Bett liegen würde.

Keineswegs aber sollen sie schnaufende Seufzer mit leicht gequältem Unterton ausstoßen und anschließend mit langmütigem Lächeln anfangen zu spülen. Und erst recht nicht sollen sie deutlich, wenn auch unhörbar, Strophen aus Kirchenliedern des neunzehnten Jahrhunderts summen.

Es wird Sie wahrscheinlich nicht überraschen, mein Engel tat all das, was Engel nicht sollen. Das Kirchenlied, das sie aussuchte, hieß ›Vierzig Tage und vierzig Nächte‹, und sie verweilte mit abscheulichem Wohlgefallen bei der Strophe, die lautete:

So werden wir himmlischen Frieden besitzen;
Eine Heiligere Freude wird unser sein;
Auch um uns werden Engel blitzen,
Welche sind die Diener Dein.

»Halt' bloß die Klappe!« schrie ich laut auf.

Das war mehr, als mein mittlerer Sohn verkraften konnte. In seiner üblichen egozentrischen Manier glaubte er, daß ich ihn gemeint hatte. Er stürzte voller Erregung aus dem Haus und schimpfte dabei in typisch pubertärer Hysterie, daß er mir gerade die wichtigste Sache seines Lebens erzählen wollte und daß es

unmöglich sei, mit jemandem anständig zu reden, der kein Interesse daran hätte, und daß ich mir nichts aus ihm machen würde und die egoistischste Frau von der Welt sei. Er würde uns verlassen und nie mehr wiederkommen. Die Tür knallte zu.
Diesem Auftritt folgte ein Geräusch, das zu den schrecklichsten überhaupt gehört, nämlich das Brummen und Knattern und Aufheulen eines wütenden Motorrads. Sogar meine Tochter mit der ganzen Unerschrockenheit einer Dreizehnjährigen war beeindruckt.
Stunden später brummte ich zu meinem Engel: »Es war nicht meine Schuld.«
Alles, was ich zur Antwort erhielt, war einer ihrer besten Schweigemomente.
Ich weiß nicht, ob ich das jemals erwähnt habe, aber mein Engel ist, was Schweigen anbelangt, besser als jeder andere. Nicht bloß ein Schweigen zum Schein, sondern geladen und auch gezielt. Nicht nur eines in guter Hoffnung, sondern eines kurz vor der Niederkunft. Ich habe sie wiederholt nach dieser Kunst befragt, wobei ich eigentlich vorhatte, diese für mich selbst zu erlernen, weil das offensichtlich die wirkungsvollste Methode ist, Schuldgefühle selbst bei vergleichsweise unschuldigen Mitmenschen zu wecken; aber jedesmal schaut sie nur ein wenig verlegen drein und bemerkt, daß alle himmlischen Wesen diese Fähigkeit besitzen aufgrund ihrer ständigen Übung vor dem Himmlischen Thron. Das finde ich nicht gerade hilfreich. Ich weiß nicht, aber ich glaube ihr das sogar, weil meine Anbetungsversuche genau den gegenteiligen Effekt haben. Ich habe den Verdacht, daß sie mir etwas vorenthält.
Etwas später sagte ich: »Es ist alles meine Schuld.«
Die Antwort auf diesen großmütigen Akt fiel nicht anders aus. Nur noch mehr Schweigen. Sie war noch im-

mer da, in der Luft schwebend. Ich weiß das immer sehr genau. Aber sie schwieg.
Etwas später sagte ich: »Wir waren beide schuld.«
Sie ließ sich herab, darauf eine Antwort zu geben. Sie meinte: »Das ist keine Entschuldigung dafür, daß du dem Kleinen seine Geschichte nicht vorlesen willst.«
Also ehrlich!
»Ich mache mir zu viele Sorgen«, erklärte ich ihr ärgerlich.
»Die machte er sich auch«, sagte sie.
Ich stand auf und ging zur Treppe, zu der ich gerade meinen weinenden Jüngsten hoch geschickt hatte. Mein Engel sagte: »Wenn du ihn jetzt aufweckst, um dein Gewissen zu beruhigen, kann ich wirklich böse werden.«
»Das wollte ich auch nicht«, entgegnete ich.
»Na gut«, sagte sie mild. Dann fuhr sie fort: »Wenn du unbedingt eine kleine Kostprobe von Laienschauspielerei abgeben willst, die auf Schuldgefühlen beruht, dann könntest du es an deiner Tochter ausprobieren. Ihr würde es garantiert gefallen.«
Niemand, der meiner Tochter begegnet ist, würde *je* da daran denken, sich mit ihr in einem großangelegten Wettbewerb zum Thema ›Wieviel Dramatik kann ich aus dieser Situation herausholen?‹ zu messen. Offen gestanden, ein Wettkampf käme nicht zustande. Meine Tochter versteht es so gut, andere an Emotionen zu übertreffen, wie mein Engel es versteht, alle im Schweigen zu überflügeln. Ich kam zu dem Schluß, daß dieser Vorschlag nur eine neue Demutsübung für mich sein sollte.
Nach einem weiteren, recht langen Schweigen sagte ich: »Also gut, was soll ich tun?«
»Wachen und beten«, antwortete Engel, »wachen und beten, damit du nicht in Versuchung gerätst.«
»Ich bin zu wütend«, sagte ich. »Man kann nicht beten, wenn man wütend ist.«

»Ich schon«, meinte sie in einer für meine Begriffe recht selbstgefälligen Art und Weise.
»Traurig ist nur«, sagte ich in einer den Umständen entsprechenden und, wie mir schien, besonders ironischen Stimmlage, »daß ich nur eine arme Sterbliche bin und damit nicht auserkoren für das ›Betet ohne Unterlaß‹.«
»Ich dachte, du hättest etwas gegen das Singen von viktorianischen Kirchenliedern?«
»Ich glaube, ich versuche zu beten«, entgegnete ich schnell. Das war eine Tätigkeit, die sie niemals unterbrach.
Ich versuchte es wirklich. Als das Telefon klingelte, war ich erst kurz vorher eingenickt. Eigentlich war ich nicht wirklich eingeschlafen, bloß am Dösen.
»Ich war nicht eingeschlafen«, versicherte ich meinem Engel. »Ich war am Beten. Ich kann aber auch in einer Ekstase gewesen sein.«
»Das bezweifle ich«, sagte sie. »Obwohl es auch schon vorgekommen ist, kann ich dir versichern, daß es sehr ungewöhnlich ist, in einem fortgeschrittenen geistlichen Zustand zu schnarchen, außer natürlich, man schläft. Vielleicht solltest du doch besser ans Telefon gehen.«
Das tat ich. Es ging ihm gut. Es tat ihm leid. Er hörte sich weinerlich und völlig aufgelöst an. Er hatte mir wirklich etwas schrecklich Wichtiges erzählen wollen.
»Was denn?« fragte ich ihn, aber er konnte es mir am Telefon nicht sagen. Könnte er jetzt heimkommen? Würde ich bitte auf ihn warten?
Selbstverständlich.
Ich fragte meinen Engel, was er mir erzählen wollte, aber sie sagte es nicht.
»Aber ich muß es wissen. So kann ich besser beten...«
Man könnte doch meinen, daß jeder Engel, der etwas auf sich hält und fachlich kompetent ist, mit Begeiste-

rung einem so frommen und mütterlichen Wunsch beisteht. Sie kann wirklich eine echte Belastung sein.
»Um was kann es sich bloß handeln?«
»Weiß der Himmel«, sagte sie.
Da dämmerte es mir, daß sie es vielleicht gar nicht wußte und ihr Unwissen vertuschte. Deshalb begann ich mit einer, wie ich hoffte, raffinierten Untersuchung darüber, wie es sich mit dem Wissen von Engeln hinsichtlich zukünftiger Dinge verhält; ich dachte, ich könnte sie beim Prahlen erwischen, aber das klappte nicht. Nach einer Weile meinte sie: »Ich habe wirklich keine Lust, zu fachsimpeln. Es ist schon sehr spät. Warum betest du nicht einfach?«
Das tat ich auch. Und als ich aufwachte, war es nach Mitternacht.
Mein Engel war immer noch da. Sie sagte für ihre Verhältnisse ziemlich sanft: »Es ist alles in Ordnung, du kannst jetzt schlafen.«
Mein Sohn hatte einen großen Zettel an die Wand geheftet. Darauf stand: »Es ist jetzt alles o.k. Ich liebe dich. Schlaf gut.«
»Engel«, sagte ich. »Was ist geschehen?«
»Er kam heim. Du warst am Schlafen. Ich glaube, er war zuerst enttäuscht; er schien einsam und müde zu sein. Er versuchte dich irgendwie zu wecken, aber du hast dich eingekuschelt und angefangen zu schnarchen. Daraufhin grinste er und schrieb den Zettel und ging zu Bett.«
»Aber was wollte er mir denn erzählen? Was war denn los?«
»Etwas, das du nie erfahren wirst, etwas, das du erfahren hättest, wenn du ihm zugehört hättest, als er dich darum bat. Pech gehabt!«
»Engel!«
»Es ist nicht mein Geheimnis, ich kann's dir nicht sagen.«

»Aber er ist mein Sohn!«
Und dann blickte sie mich an und sprach: »Jeder, der Mutter und Vater nicht verläßt, um mir nachzufolgen, ist des Evangeliums nicht wert. Wer ist meine Mutter, wer sind meine Brüder und Schwestern? Jeder, der das Wort Gottes hört und befolgt.«
Also wirklich! Ich habe Ihnen ja gesagt, daß sie unmöglich ist. Ich versuchte es noch einmal.
»Ich finde, du hast eine moralische Verantwortung, es mir zu sagen«, erklärte ich.
»Du bist doch diejenige, die Theologie so mag«, meinte sie ein wenig gemein, wie mir schien, »deshalb will ich dir ›was sagen. Gott hat keine Enkel. Nur Kinder.«
Und damit machte sie sich für ihren Aufbruch fertig. Ich war müde, fror, war verärgert und voll Sorge. Ich war den Bedürfnissen meines Sohnes nicht gerecht geworden und hatte mich blamiert. Aber als ich spürte, wie sie warm und rieselnd in meine Wirbelsäule hineinströmte, empfand ich auch eine enorme Erleichterung. Weil ich nicht allein für die Kinder verantwortlich war oder auch weil mich jemand als Kind ansehen würde. Ich war zu müde, um herauszufinden, welches von beidem zutraf.
»Friede sei mit dir«, sagte ich zu ihr in genau demselben Augenblick, als sie es zu mir sagte. Das hatte ich noch nie geschafft.
Auf die allerletzte Minute meinte sie noch: »Thomas von Aquin war nicht nur äußerst beleibt und zerstreut, er schnarchte auch sehr, sehr laut.«

Schlimmer Freitag *

Mit dieser Geschichte habe ich ein kleines Problem. Sie ist nicht so wie einige der anderen Geschichten über meinen irgendwie nervenden Schutzengel.
Das eine ist: Es geschah in der Nacht.
Seltsamerweise – also ich finde es schon seltsam – erscheint mein Schutzengel nicht oft in der Nacht. Ich nehme stark an, daß es daran liegt, weil sie solch eine übersteigerte Phantasie hat. Sie kommt mit Träumen nicht zurecht und muß sich mit dem Alltäglichen begnügen. Man kann in der Bibel von wirklich wunderbaren Träumen lesen, wie beispielsweise von Jakobs Himmelsleiter oder wie Joseph seine Brüder in ihre Schranken wies, als er damit prahlte, wie sich ihre mickrigen Weizengarben vor seiner großen, hohen, üppigen verbeugten.
Ich glaube, einige Träume könnten Freude machen und ein viel besserer Weg sein, geistliche Führung zu erhalten, weil man dann stundenlang mit Freunden über Deutungen und Freud und Sex und dergleichen plaudern könnte. Aber träume ich eigentlich? Nein, überhaupt nicht. Das einzige, was ich erlebe, sind die abgedroschenen Redensarten meines Engels und ihre störende Pingeligkeit und ihre lästigen Skrupel.
Natürlich ist sie da anderer Meinung. Sie behauptet, daß ich keine Träume bekomme, weil ich so fest schlafe, wofür ich – ihrer Meinung nach – dankbar sein sollte. Ich finde das schrecklich unromantisch, aber es stimmt: Ehrlich, sobald ich das Licht ausmache, schlafe ich augenblicklich ein und wache tatsächlich erst

* Im Englischen handelt es sich hier um ein Wortspiel: ›bad Friday‹ (schlimmer Freitag) als Gegensatz zu ›good Friday‹ (Karfreitag).

wieder auf, wenn der Wecker klingelt. Aber man könnte doch mit Recht annehmen, daß ein halbwegs kompetenter Engel mit einem solch kleinen Hindernis fertigwerden könnte. Da kann man sich bloß noch wundern. Wenn ich Gott wäre, würde ich doch zumindest nachschauen, ob alle Schutzengel eine Spur von kreativer Ader hätten, und solche wie meiner, welche so völlig nüchtern und sachlich sind, würde ich im Himmel lassen, jedenfalls ganz außer Reichweite von feinfühligen und aufstrebenden Seelen.

Wie auch immer, all das ist ziemlich belanglos, weil sich diese Geschichte, wie es sich so ergibt, in der Nacht abspielte. Genauer gesagt, um zwölf Minuten nach drei. Die allerschlimmste Zeit, die man sich vorstellen kann, um von einem Engel mit einem leicht vulgären Akzent aufgeweckt zu werden, die sich ganz plötzlich offenbart und dabei sagt: »Ich bin bloß auf einen Sprung vorbeigekommen, um auf Wiedersehen zu sagen.«

»Verschwinde«, murmelte ich. Zu meiner eigenen Verteidigung muß ich betonen, daß ich zu neun Zehntel schlief. Da erinnerte ich mich mit einem fürchterlichen Ruck, daß ich genau dasselbe eines Nachts zu meiner Tochter gesagt hatte, als sie zehn Jahre alt war, und daß ich zwei Stunden später von meinem furchtbar wütenden Ältesten geweckt wurde, der mir mitteilte, daß sie sich gerade im Badezimmer übergab, daß sie Schüttelfrost hatte und ihre Schmerzen unterdrückte und ihn gebeten hatte, mich nicht zu wecken, weil ich sonst böse würde. Sie hatte akute Blinddarmentzündung; und als man sie in den Operationssaal schob, hatte sie sich immer noch dafür entschuldigt, mich gestört zu haben.

(Übrigens sollte ich der Gerechtigkeit halber, da ich mich ja ständig über meinen Engel beklage, erwähnen, daß sie in jener Nacht einfach wunderbar war, den ganzen Weg über bei uns im Krankenwagen war, mich zu trösten versuchte und mir immer wieder versicherte, daß ich auch weiterhin eine Mutter sein könnte. Sie rieb mir nicht wie sonst meine Schuld ständig unter die Nase. Ich lehnte jedoch ihren Trost ab – mir wurde bei jener Gelegenheit meine Unvollkommenheit und Scheußlichkeit so richtig bewußt.)

Mit diesem unglücklichen Vorfall im Hinterkopf setzte ich mich deshalb auf und sagte: »Tut mir leid, Engel, ich habe fest geschlafen. Gibt's etwas Wichtiges?«

»Ich bin bloß auf einen Sprung vorbeigekommen, um auf Wiedersehen zu sagen.«

»Kann das nicht warten?« fragte ich mürrisch.

»Du erklärst mir immer, daß du göttliche Offenbarungen während der kühlen, frühen Morgenstunden haben willst«, erwiderte sie. Hätte jemand anders bei mir diesen Ton angeschlagen, hätte ich darin einen leichten Sarkasmus sehen, aber mein Engel ist zu beschränkt für solche Feinheiten.

»Ich sehe dein Weggehen wirklich nicht als eine religiöse Offenbarung an«, murmelte ich. Und dann traf es mich. Ihr Weggehen. Sie konnte mich nicht verlassen, nicht einfach so. *So* eklig war ich nun auch nicht zu ihr gewesen; wir waren einfach in ziemlich vielen Dingen unterschiedlicher Meinung. Klar, Engel konnten eine Meinungsverschiedenheit akzeptieren und tolerieren. Klar, sie würde nicht so kleinkariert sein. Was erwartete sie, sklavischen Gehorsam oder was? Nicht, daß ich überhaupt etwas dagegen hatte: wenn sie ihre von Gott gegebenen Pflichten aufgeben wollte, war das ihre Sache; das ging mich nichts an. Es ging nur ums Prinzip.

»Engel...«, begann ich.

»Du weißt, wir nehmen uns immer diesen Freitag frei«, sagte sie.

Das tat sie auch sonst. Regelmäßig wie ein Uhrwerk.

»Schön«, meinte ich, ohne die große Welle der Erleichterung und des Glücksgefühls in mir zu beachten, »ich sehe nicht ein, warum du mich deswegen aufwecken mußtest. Hast du geglaubt, ich würde es vergessen? Tschüß bis Ostersonntag!«
Es entstand eine Pause. Dann sagte sie, wobei sie sich ungewöhnlich schüchtern anhörte: »Ich dachte, ich erinnere dich besser ans Fasten.«
»Fasten? An Karfreitag?« rief ich aus. »Ach, sei doch nicht so altmodisch! Kein Mensch macht das mehr!«
Sie diskutierte nicht mit mir, es entstand bloß einer ihrer langen Schweigemomente.
»Ich stehe nicht auf all dieses leibfeindliche, masochistische, mittelalterliche Zeug«, sagte ich frech. »Fastet ihr im Himmel?«
Ihr Schweigen dauerte an. Ich wartete voller Hoffnung. Diesmal, so glaubte ich, hatte ich sie da, wo ich sie haben wollte. Im Unrecht. Nach einer Weile hörte ich sie weinen; die Arme war wahrscheinlich unangenehm berührt. Einen Augenblick lang empfand ich Mitleid; aber als ich an all die Zeiten dachte, wo sie mich zur Entschuldigung gezwungen hatte, klammerte ich mich an diesen Augenblick des Triumphes.
»Also«, sagte ich, nachdem sie meiner Meinung nach lange genug geschwiegen hatte, »fastet ihr im Himmel?«
Das Schweigen dauerte noch etwas an. Allmählich wurde es fast schon peinlich; dann erklärte sie ziemlich plötzlich und für ihre Verhältnisse beinahe verärgert: »Nun ja, das können wir nicht, weißt du? Wir essen nicht. Wir verspüren keinen Hunger.«
Aber das Seltsame war, daß sie sich in keinster Weise so anhörte, als ob sie mit sich selbst zufrieden sei – weder wegen ihres kleinen Sieges über mich noch wegen dieses großartigen Beweises von der Überlegenheit der Engel.

Wir verfielen wieder ins Schweigen. Es dauerte lange an. Ich glaubte schon, sie hätte jetzt aufgehört, mich weiter zu stören, und würde sich zur gegebenen Zeit auflösen, weswegen ich mich wieder hinlegte und einzuschlafen versuchte. Aber sie war immer noch da und schwebte in meiner linken Hirnhälfte herum, wie das nur Engeln möglich ist. Ab und zu gab sie ein merkwürdiges, schniefendes Geräusch von sich, als wäre sie erkältet; aber wenn dich gerade jemand daran erinnert hat, und zwar in einem recht unangenehmen Ton, daß er keinen Hunger kennt, kann man ihm doch nicht einfach ein Taschentuch reichen und auffordern, sich die Nase zu putzen.
Das Ganze war höchst unangenehm. Ich wurde immer bockiger. Wenn sie wollte, konnte sie bleiben oder gehen, aber ich würde kein weiteres Gespräch beginnen. Bei aller Liebe, es war drei Uhr morgens und wohl kaum die Zeit für eine vielbeschäftigte Frau, sich mit schmollenden Engeln abgeben zu müssen. Und nebenbei möchte ich gerne bemerken, daß kein Mensch, noch nicht einmal ein erwachsener Mann, so wirkungsvoll und vollendet schmollen kann wie ein Durchschnittsengel. Mein einziger Wunsch war nur noch, wieder einzuschlafen.
Das Schniefen jedoch ließ nicht nach. Im Gegenteil. Da bemerkte ich, daß sie am Weinen war. Ich meine richtig am Heulen. Es war tatsächlich etwas peinlich, genauso wie beim ersten Mal, wenn ein erwachsener Mann jene schrecklich unbeholfenen Männertränen vor einem vergießt; man weiß, daß es eine Art Kompliment ist, man hat eine leise Ahnung, wie sehr sie dessen bedürfen und gleichzeitig wünscht man sich, sie würden nicht weinen, weil sie es so schlecht können. Die Tränen meines Engels ließen mich etwas zusammenzucken; beinahe hätte ich sie gefragt, wie es denn käme, daß Engel weinen, aber nicht essen können,

fand dann aber, daß dies nicht besonders freundlich sei. Aber ich war wirklich fest davon überzeugt, daß es die Aufgabe eines Engels war, zu trösten und nicht, getröstet zu werden, weshalb ich sie eine Weile lang weiter weinen ließ.

Schließlich überkam er mich doch noch, jener nicht zu unterdrückende mütterliche Instinkt – oder da ich ja Feministin bin, sollte ich vielleicht menschlicher Instinkt sagen –, der einen ganz einfach daran hindert, einen Menschen, oder in diesem Fall einen Engel, weinen zu lassen. Ganz so glücklich war ich darüber aber nicht.

»Ach um Himmels willen, Engel«, sagte ich, als ich es nicht länger aushalten konnte, »was ist denn überhaupt los?«

Aber sie gab keine Antwort. Sie weinte bloß weiter. Es ging mir richtig auf die Nerven. Ich sagte: »Also gut dann, wenn es dir so viel bedeutet, werde ich heute fasten.«

Man könnte meinen, daß eine solche Hochherzigkeit einen jeden aufheitern würde, aber bei ihr funktionierte das nicht.

»Bitte!« Ich konnte mich selbst betteln hören. Wenn ich an all die Male denke, wo sie mich ohne Bedenken unterbrach und von mir verlangte, mich mit ihr über irgendeine idiotische Banalität ihrer Wahl zu unterhalten. Und jetzt verweigerte sie mir dasselbe Recht. Es war einfach nicht in Ordnung. Das klang wohl etwas kindisch, deshalb besann ich mich anders. Es war einfach unerhört!

»Du benimmst dich wie ein Teenager«, sagte ich. Ich versuchte, es eher bestimmt als wütend auszusprechen. Drei Teenager in einem Haus reichen eigentlich aus, daß man nicht auch noch eine geistliche Macht, die irgendwo etwas oberhalb meiner Wirbelsäule herumschmollte, mit pubertären Zügen ertragen muß.

Einmal sperrte sich meine Tochter im Badezimmer ein und heulte drei Stunden lang, und als sie schließlich herauskam, verlangte sie Zimttoast und weigerte sich rundweg, auch nur ein Wort zu sagen, was los war. Das wollte ich jetzt nicht wieder durchmachen, vor allem nicht bei solch einem verfluchten Engel, der mir noch nicht einmal mit der Weltverdrossenheit eines Heranwachsenden irgendwas von »Ärger mit dem Freund« brummeln konnte.

»Engel«, meinte ich, »sei doch nicht so ein Baby!« Aber wenn Babys schreien, kann man sie trösten. Man kann sie küssen und herzen, man kann sie warm und geschützt an sich drücken und ihre rosigen, erhitzten Gesichtchen liebkosen. Man kann ihren Lieblingsteddybär nehmen, dessen Gesicht bis zur Kahlheit abgenutzt ist, weil er so viel Liebe abbekam und flauschigen Trost spendete. Nichts davon oder nichts dergleichen kann man mit einem Engel machen. Graue Materie mag ja weich und warm sein, aber umarmen kann man sie nicht. Ich durchforschte Geist und Seele nach Zärtlichkeit und Trost und fand meine Hände leer. Es war sehr frustrierend.

Sie weinte und weinte und weinte. Ich versuchte es mit emotionaler Bestechung und mit emotionaler Erpressung. Vergeblich. Es blieb nichts mehr übrig als Liebe. Bedenkt man die Schwierigkeiten in unserer Beziehung und wie sehr ich mich durch sie genervt fühlte, so war das keine leichte Sache, die ich ihr entgegenbrachte.

»Engel«, sagte ich so behutsam, wie ich es vermochte. »Ich liebe dich. Als du kamst, um dich zu verabschieden, hatte ich den Freitags-Feiertag oder wie ihr ihn im Himmel nennt vergessen und ich dachte schon, du würdest mich für immer verlassen. Ich war traurig. Ich wußte noch nicht mal, daß ich traurig war, aber ich war's. Ich war traurig, weil ich dich liebe. Und weil ich dich brauche. Aber ehrlich, mir wäre es lieber, du würdest mich verlassen, wenn es dich nur glücklich macht, als daß ich dich in dieser Verfassung hierbehalte.«

Ich kam mir vor wie ein Vollidiot, als ich das sagte. Es gibt viele Dinge, die man mit zunehmendem Alter macht, von denen das optimistische junge Ich niemals zu träumen gewagt hätte; aber ganz oben auf der Liste steht für mich dabei, daß ich um vier Uhr morgens in einem Flanellnachthemd im Bett sitze und *jemandem*, ganz zu schweigen von einer weinenden und nicht ansprechbaren Himmelsbürgerin, beizubringen versuche, daß ich sie liebe.

Aber es wirkte. Nicht wie ein Wunder oder auf die Minute oder so, aber der kräftige Schwall von trostlosen Tränen verwandelte sich zurück in das polypenhafte Geschniefe, das einen rasend macht, und dann in das Schluckauf eines vom Schluchzen erschöpften Kleinkindes.

»Was ist los?« fragte ich, erleichtert darüber, daß wir der Sache näher kamen, jedoch erschöpft von der Anspannung.

»Ich bin eifersüchtig.«

»Eifersüchtig!« rief ich verblüfft aus. »Eifersüchtig?« erkundigte ich mich und bemühte mich darum, mich vorbehaltlos und aufgeschlossen interessiert zu zeigen.

Das Geschniefe dauerte noch etwas an, und dann sagte sie schließlich: »Ich bin eifersüchtig auf *dich*.«

»Mich?« fragte ich vorsichtig, obwohl ich in Wirklichkeit dachte: »Wovon in aller Welt redest du eigentlich?«

»Ja, dich. Ich bin eifersüchtig auf dich, weil du hungrig werden kannst. Weil du dich verletzen kannst, ich meine körperlich verletzen, weil du Schmerz und Leiden und Todesangst verspüren kannst.«

»Aber das ist doch nicht schön. Ich meine, diese Dinge sind doch nicht schön. Sie sind entsetzlich. Warum macht dich das denn eifersüchtig?«

»Weil du heute bei *ihm* sein kannst und wir nicht. Wir können es einfach nicht. Wir haben es immer wieder versucht und konnten es nicht nachvollziehen. Nach dem Letzen Abendmahl ging er von uns fort. Wir glaubten, wir könnten ihn retten, und er ließ uns nicht. Dann glaubten wir, wir könnten ihn wenigstens trösten, aber es ging nicht. Jene Bauersfrau konnte es; sie mag jetzt die Königin des Himmels sein, aber damals war sie bloß eine Frau mittleren Alters aus der tiefsten Provinz; aber sie konnte ihn trösten, auch ihr halbverrückter Fischerfreund und jene rothaarige Hure aus Magdala; sie konnten ihn trösten, weil sie nachvollziehen konnten. Und wir, die Erstgeborenen der Schöpfung, die Vollender der sieben Sphären, die Boten des Heiligen Geistes, die Mächte und Gewalten, Cherubim und Seraphim, Engel und Erzengel, wir konnten nichts tun. Er brauchte uns nicht. Wir konnten nicht dorthin gehen, wohin er gegangen war. Wir konnten es nicht nachvollziehen. Darum nehmen wir uns alle den Tag frei, nicht als Ferientag, sondern weil wir wissen, daß wir überflüssig sind.

Sie geißelten ihn, und wir konnten es nicht fühlen. Sie krönten ihn mit Dornen, und es tat uns nicht weh. Sie schlugen jene Nägel durch seine Hände, und wir weinten wegen seiner Erniedrigung, aber wir konnten nicht dorthin gehen, wohin er gegangen war, als er sich zum Schmerzensort begab, was immer das auch bedeutet. Er gab euch die Ehre, das Privileg, dahin zu gehen, wohin er ging, in den Leib mit seiner ganzen Schönheit und Heiligkeit, in den Schmerz und die Lust des Fleisches. Er liebt euch mehr als uns. Und du schätzt dieses Privileg, dieses Geschenk, diese Freude so gering ein, daß du dir noch nicht einmal die Mühe

machst, einmal im Jahr zu fasten. *Natürlich bin ich eifersüchtig.*«
Sie begann wieder zu weinen. Ich tatsächlich auch. Wir weinten zusammen und konnten uns gegenseitig nicht trösten.
»Wir sagen nicht Karfreitag«, meinte sie nach einer Weile und unterdrückte ihr Schluchzen, »wir sagen ›Schlimmer Freitag‹.«
»Engel«, erklärte ich, »ich werde heute wirklich fasten. Ich werde für mich fasten, und ich werde für dich fasten.« Diesmal war meine Hochherzigkeit etwas echter.
»Danke«, erwiderte sie.
Es war kurz vor Tagesanbruch, graues Licht drang durch die Gardinen. Sie machte sich fertig zum Weggehen. Ich fing an, mir auszumalen, wie beeindruckt meine Kinder sein würden, wenn sie sehen würden, daß ich nichts aß. Das könnte sogar meinen mittleren Sohn, der es momentan mit Existentialismus versuchte, wieder bekehren. Ich könnte vielleicht sogar bald eine große asketische Heilige werden, bekannt für meinen harten Lebenswandel und die Mildtätigkeit gegenüber den Ärmeren unter den Sterblichen.
Mein Engel machte diesem ein Ende; während sie weich durch meine Wirbelsäule hinabsank, hielt sie inne und flüsterte: »Paß auf, Schwester, wir haben auch noch nicht mit härenen Hemden und Geißelung angefangen, und solches ist sehr unangenehm.« Aber sie zeigte dabei ein schüchternes, glückliches, kleines Lächeln.
»Friede sei mit dir«, sagte sie wie immer, »und tschüß bis Sonntag.«